Taller de
REDACCIÓN LITERARIA
Edición, corrección, gramática y ejercicios

Miguel D'Addario
Autor · PhD

Índice

Prólogo

Podría decirse, claramente, que el lenguaje es la facultad común que tienen todas las personas para comunicarse y, en cuanto institución humana, no es inmutable, sino que puede cambiar a causa de circunstancias y necesidades diversas o por influencia de otras comunidades. A los distintos modos en que se puede presentar un lenguaje los llamamos lenguas. Y una lengua tendrá como función principal el servir de nudo de comunicación entre las distintas personas que la utilizan, de ahí que los cambios que se producen en una lengua respondan a la necesidad de simplificar el proceso de comunicación entre los miembros de una comunidad de hablantes. Pero el lenguaje, además de asegurar la comunicación, ejerce también otras funciones, a saber:

El lenguaje sirve de soporte al pensamiento; de ahí que, desde un punto de vista general, pueda afirmarse que el lenguaje de un grupo social concreto determina su modo de pensamiento y su cultura.

El lenguaje es una herramienta que el hablante utiliza para expresarse, para manifestar lo que siente sin preocuparse de las posibles reacciones de los oyentes;

en este caso, el hablante encuentra en la lengua un modo de afirmarse ante sí mismo y ante los restantes miembros de la comunidad de hablantes sin que en realidad sienta la necesidad de comunicar nada, sino que, exclusivamente, desea manifestar su estado psíquico.

El lenguaje cuenta también con la denominada función estética; que corresponde principalmente al lenguaje literario -la literatura como arte y el concepto de estilo del lenguaje- y, en concreto, se refiere a la función que desempeña una palabra en su contexto. No obstante, y teniendo en cuenta todo lo dicho anteriormente, conviene afirmar que el fin principal, la función central, del lenguaje es la comunicación; por lo que el lenguaje comportará una serie de hechos: el sonido, el pensamiento, lo individual, lo social.

Lengua

Se ha dicho, desde una perspectiva psicológica, que el lenguaje es un sistema de reflejos y de señales condicionadas: la palabra es una señal y el lenguaje un sistema de señales altamente especializado.

Sin embargo, aquí nos interesa el lenguaje desde el punto de vista lingüístico y, en tal sentido, diremos que fue el célebre gramático suizo Ferdinand de Saussure (1857-1913) quien afirmó que el lenguaje es la suma de la lengua y el habla: la lengua pertenece al ámbito social mientras que el habla es un hecho individual.

Lo social (la lengua), y lo individual (el habla) son dos componentes esenciales del lenguaje.

La lengua no debe confundirse con el lenguaje pues, como se ha dicho, es una parte esencial de él.

La lengua es el producto social de la institución humana del lenguaje, esto es, un conjunto de hábitos lingüísticos que la sociedad ha elaborado convencionalmente, y que permite al individuo comprender y hacerse comprender: la lengua es una institución social; pero se distingue en muchos rasgos de las demás instituciones políticas, jurídicas, etc.

Para comprender su naturaleza especial, hay que hacer intervenir un nuevo orden de hechos.

La lengua es un sistema de signos que expresan ideas y, por tanto, comparable a la escritura, al alfabeto de los sordomudos, a los ritos simbólicos, a las formas de urbanidad, a las señales militares, etc.

Sólo que es el más importante de esos sistemas (Saussure).

Características de la lengua

La lengua no es una elaboración o función del sujeto hablante, sino que es el producto o la herencia que el hablante recibe de la sociedad a la que pertenece. El hablante, considerado individualmente, no puede crear ni modificar la lengua. La lengua, dado su carácter social, es aprendida. La lengua es, además, un modelo general y constante que existe en la conciencia de todos los miembros de una comunidad de hablantes concreta: es el sistema que constituye una abstracción que determina el proceso de comunicación humana.

El habla

El habla, como ya se ha dicho anteriormente, es la parte individual del lenguaje. Es un acto individual de la voluntad y de la inteligencia mediante el cual se lleva a cabo la realización concreta de la lengua, en un momento y en un lugar determinados, en cada uno de los miembros de la comunidad lingüística. La lengua, por tanto, es un fenómeno social, mientras que el habla es Individual, aunque ambas se suponen recíprocamente. Para distinguir más claramente entre lengua y habla diremos que lengua es: social; un vehículo de comunicación; un código; existe potencialmente; un hecho psicológico; es permanente. En tanto que el habla es: individual; el uso que se hace del vehículo de comunicación que es la lengua; es la codificación de un mensaje según ese código; es la lengua actualizada; es un hecho psicofísico; es pasajera.

Tanto la lengua como el habla tienen dos facetas denominadas significante o expresión y significado o contenido. Del significante en el plano del habla se ocupa la Fonética. Y del significante en el plano de la lengua se ocupa la Fonología. Finalmente, del estudio de los significados se ocupa la Semántica. Es cierto que las palabras son combinaciones de sonidos que el hablante emite, maneja y ordena para transmitir mensajes y, en definitiva, para comunicarse; pero, también, las palabras designan ideas cuya entidad real no se corresponde con objeto material alguno. Sucede, que los hablantes hemos aprendido una serie de combinaciones de sonidos -las palabras-, los cuales utilizamos en lugar de los objetos para componer aquellos mensajes que deseamos comunicar a nuestros interlocutores. Y así, para citar un ejemplo, cuando el emisor quiere comunicar al receptor el mensaje "casa grande" -que está compuesto por dos palabras- no le entrega una casa grande, sino que le proporciona, emite, unos sonidos determinados:

"lcl + lal + lsl + lal + lgl + lrl + lal + lnl + ldl + lel"

Estos sonidos -cuya principal característica es su naturaleza auditiva- están formados por signos, es decir, por elementos que representan, o se ponen "en lugar de", un objeto. Por ejemplo, el objeto "reloj" -instrumento o máquina que sirve para medir el tiempo o dividir el día en horas, minutos y segundos- está representado por la palabra o el signo "reloj". Dicho de otro modo, la palabra "reloj" es signo del objeto "reloj". Del mismo modo, cuando, por ejemplo, el receptor escucha la palabra "justicia" enseguida sabe que tal palabra designa la idea de justicia, la cual asocia al signo balanza; luego, la balanza es signo de la justicia. Por tanto, un determinado estímulo que nos indique algo puede ser un signo lingüístico, y mediante el uso de las palabras transformamos los signos o señales en símbolos; por lo que, entre las funciones específicas de las palabras está la de sustituir los sonidos por los símbolos verbales. Al signo lingüístico, pues, le corresponde también la misión de relacionar y unir al hablante con los objetos. Por consiguiente, el signo lingüístico goza también de dos propiedades o características que, aunque parezca paradójico, se denominan "inmutabilidad" y "mutabilidad": Primeramente, señalaremos que el signo lingüístico es inmutable ya que, dada su arbitrariedad, no cambia a través del tiempo. Y, además, porque hace falta una gran cantidad de signos para crear una lengua; si fueran pocos se podrían cambiar fácilmente. También, por la complejidad que encierra el funcionamiento de una lengua y a causa de lo reacia que se muestra la comunidad de hablantes ante determinadas innovaciones. En segundo lugar, diremos que el signo lingüístico es mudable; porque, además de que se da una continuidad en el tiempo, puede producirse una alteración; aunque ésta es siempre relativa, pues en toda alteración preexiste siempre la materia vieja; y así, es propio del hablante saber "utilizar los signos y crear símbolos, de los que los más importantes son las palabras, que representan objetos, situaciones y acontecimientos no presentes en el medio en que se desenvuelve el sujeto. Todas estas posibilidades humanas están facilitadas por la posesión de un cerebro y de un sistema nervioso altamente diferenciados". De ahí que, para construir un mensaje, haya que seleccionar y combinar correctamente los signos necesarios, lo cual equivale a codificarlo. Por consiguiente, el emisor debe codificar el mensaje que desea transmitir, y el receptor tiene que decodificarlo. Y ello es así porque en toda comunicación hay transmisión de un mensaje, de un conocimiento, desde un hablante a otro hablante: Codificar un mensaje es emplear el código, que el emisor debe conocer, para elegir y combinar de manera adecuada los signos que ha de manejar. Decodificar un mensaje equivale a entenderlo y localizarlo para así descifrar las combinaciones de sus signos y, en definitiva, comprender su significado.

En consecuencia, para codificar un mensaje, el emisor realizará las siguientes operaciones:

1. Elaboración del concepto que se quiera comunicar.

2. Elección del sistema de comunicación que va a utilizar.

3. Codificación del mensaje.

4. Transmisión del mensaje.

Por su parte, el receptor llevará a cabo también las siguientes operaciones que, sin embargo, no serán opuestas:

1. Recibirá el mensaje.

2. Determinará cuál es el sistema de comunicación utilizado.

3. Decodificará el mensaje.

4. Elaborará el concepto transmitido.

En la práctica, siempre que el código se domine a la perfección, las operaciones descritas se efectúan a gran velocidad y casi simultáneamente; en realidad, como todos podemos comprobar dada nuestra condición de hablantes de una lengua concreta, transcurre muy poco tiempo desde que pensamos un concepto hasta que elaboramos y pronunciamos la frase correspondiente. Comunicar es transmitir y se transmite para que un receptor escuche, y descodifique nuestro mensaje, pues de otro modo el mensaje sería lanzar llamadas a un vacío que no podría recibirlas. Ahora bien, codificar y descodificar supone poseer la clave que permita interpretar los signos que recibimos. Es decir, el mensaje se transmite en un contexto, que también es estrictamente lingüístico".

Por lo demás, y según las modernas teorías de la información, tal transmisión es un fenómeno bastante complejo, pues el mensaje se define como información comunicada.

Errores comunes

Para hablar con propiedad una lengua, hay que conocer el mayor número de palabras y emplearlas con su sentido preciso en cada contexto o situación. En español se cometen incorrecciones léxicas y semánticas, por parte de algunos hablantes cuando, por ejemplo, dicen "cocretas" en vez de croquetas; "dentífrico", en lugar de dentífrico; "tortículis" por tortícolis; "cuete", aunque la palabra correcta sea cohete.

Con cierta frecuencia se cometen incorrecciones léxicas y semánticas en ambientes cultos, que repugnan al instinto lingüístico y chocan con el buen sentido del castellano moderno y de todos los tiempos; lo cual revela que en todas las profesiones hay personas mal instruidas.

Y así, se escuchan vocablos como posicionamiento para referirse a posición, toma de postura o actitud. También se dice redimensionar, cuando, para referirse a variaciones o cambios en la dimensión, lo correcto es reajustar, reducir, adecuar o aumentar.

A veces, se oye el barbarismo publicitar, cuando en el idioma español las palabras correctas, en este caso, son: anunciar, divulgar, hacer publicidad, hacer propaganda, dar a la publicidad, publicar.

Errores semánticos

En ocasiones, tanto en el habla como en la escritura, se incurre en errores y faltas semánticas. Así, por ejemplo, se ha popularizado el empleo del verbo coger con el sentido de caber, lo cual constituye un vulgarismo semántico. Ejemplo Incorrecto: El coche nuevo es tan grande que no coge en el garaje. Ejemplo correcto: E coche nuevo es tan grande que no cabe en el garaje. Ejemplo correcto: Ya llegó el taxi, coge tus maletas. Otro tanto sucede con el vocablo especular, que viene a convertirse en término socorrido con harta frecuencia. Y así, en vez de prever, sospechar, calcular, opinar, presumir, conjeturar, creer... se utiliza, exclusivamente, especular. Sin embargo, en español, la palabra especular no tiene el sentido que, erróneamente, se le atribuye. No obstante, es admisible el empleo del vocablo especular en construcciones como especular con algo y especular en papel (Manuel Seco, en su Diccionario de dudas y dificultades de la lengua española. También la Agencia Efe, en su Manual de español urgente). Veamos, pues, la totalidad de significados de la palabra especular en el Diccionario de la Real Academia: Especular (1). Transparente, diáfano. Perteneciente al espejo. Especular (2). Registrar, mirar con atención una cosa para reconocerla y examinarla. Meditar, contemplar, considerar, reflexionar. Comerciar, traficar. Procurar provecho o ganancia fuera del tráfico mercantil. Ejemplo incorrecto: Se especula que habrá acuerdo entre trabajadores y empresarios. Ejemplo correcto: Se cree que habrá acuerdo entre trabajadores y empresarios. Ejemplo correcto: Las especulaciones de los antiguos filósofos han sido provechosas para la ciencia moderna. Ejemplo correcto: Las leyes prohíben la especulación con los alquileres de pisos y locales. Ejemplo correcto: La hermosa ninfa se miraba en la tersa superficie especular del lago de aguas transparentes. La incorrección semántica alcanza, también, al vocablo puntual que, en ocasiones, se emplea en el sentido de concreto o de detalle, esto es, opuesto a los términos global, general, universal... Y así, se habla de asunto puntual, cuando lo correcto es decir asunto concreto. La lengua española o castellana aparece clasificada por los lingüistas en el conjunto propio de las cuatro lenguas mayores del mundo y, dentro del denominado grupo de lengua materna, ocupa el segundo lugar: es un inestimable patrimonio colectivo que sus hablantes han de valorar y cuidar. Para valorar y cuidar nuestro idioma debemos conocerlo y usarlo correctamente; por ello, procuraremos siempre que en nuestros mensajes y expresiones no aparezcan términos impropios, carentes de sentido o incluso extravagantes. La Agencia EFE, en su Manual de español urgente, califica de extravagancias léxicas a determinados términos empleados con profusión -y como si fueran comodines, ya que sus mentores los acoplan a cualquier oración contexto o frase, lo que indica que no dicen lo que piensan ni hablan de lo que saben- por personajes públicos que, desgraciadamente, no conocen el valor de las palabras y, en consecuencia, ignoran cómo ordenar y comunicar sus propios pensamientos. En ocasiones, se falta a la norma idiomática por pereza, es decir, en vez de consultar el diccionario cuando se duda sobre la impropiedad o inexistencia de un vocablo determinado se prefiere repetir ese vocablo. Constituyen claros ejemplos de pereza el empleo reiterativo del verbo realizar, el uso indebido de las locuciones a nivel de o en base a y el abuso de los vocablos posicionamiento y posicionar. Los vocablos posicionamiento y posicionar no están registrados en el Diccionario de la Real Academia porque se consideran neologismos innecesarios; y ciertamente, así es, pues el Diccionario ya contiene los términos correctos -a los que se quiere emular cuando se emplean los neologismos citados- que deben usarse siempre que el contexto lo requiera; esos términos, o expresiones, correctos son: actitud, postura, toma de postura, posición, situar, colocar... Otra impropiedad léxica, bastante manoseada por los perezosos, es aquella que consiste en atribuir a la palabra puntual el sentido de concreto o de detalle. Y así, con frecuencia se oye hablar de temas puntuales con el sentido de casos concretos o casos actuales; como si puntual fuera un término equivalente -un sinónimo- a concreto o al vocablo actual. Señalaremos, en cambio, que puntual es un adjetivo que significa diligente, pronto, pormenorizado; y también se dice que una persona es puntual porque ha llegado a la hora en punto a una cita. No obstante, quienes emplean erróneamente el vocablo puntual se quieren referir, por lo general, a los términos concreto y actual, lo que constituye una impropiedad léxica que conviene evitar.

También se encuentra muy extendido el uso del vocablo tema (con el que se alude a la idea central o al asunto de que se trata en una conferencia, discurso, escrito...), con el significado equivalente a las palabras cuestión, motivo o asunto. El abuso del término tema empobrece el léxico de nuestro idioma. En ocasiones, y para no ser tachados de puristas (purista = Extremadamente riguroso en evitar o censurar toda palabra o giro de origen extranjero), conviene emplear palabras que, por no tener equivalencia con ninguna otra ya existente, parecen firmemente instaladas en la lengua, según el instinto idiomático, esto es, en general el uso debe prevalecer sobre consideraciones etimológicas o ante cualesquiera otros criterios.

Tal sucede con los vocablos competitividad (capacidad para competir) y privatizar (confiar, o transferir, bienes públicos al sector privado) que recientemente han sido aceptados por la Real Academia por considerar que son palabras necesarias. Y así, se oye muy a menudo hablar de: competitividad de las empresas, privatizar un servicio, privatizar los transportes, privatizar las empresas deficitarias. Sin embargo, el vocablo desafortunadamente, por ejemplo, no existe en español, aunque los despreciadores del idioma, particularmente ciertos traductores (?) perezosos, lo utilicen en sus escritos con el sentido de infortunadamente, desgraciadamente. En cuanto al término desafortunado, que equivale a sin fortuna, conviene señalar que hoy día se ha generalizado su uso con el significado de no oportuno o desacertado. Y así, se oye habitualmente decir de un personaje público, por ejemplo, que estuvo desafortunado en sus declaraciones.

La palabra, entronque léxico de la estructura de la frase, expresa y representa ideas. Mediante las palabras se transmiten los pensamientos y se dota de contenido al mensaje que el hablante transmitirá al oyente; luego, las palabras también conforman la realidad. Basándonos en la propia experiencia, y en aseveraciones ajenas, podemos afirmar que los hablantes y oyentes del español manejan descuidadamente el idioma porque desconocen el valor de las palabras. En consecuencia, conviene evitar las impropiedades léxicas para que la desidia no se apodere del lenguaje, ni la sinrazón domine las ideas o anule los pensamientos, lo cual afectaría negativamente a la comunicación y comprensión de los mensajes con todo lo que ello conlleva: deficiente captación de la realidad, conocimiento superficial del entorno, conceptos elementales, etcétera. Para no dejarse engañar con discursos vacíos de contenido, aunque plenos de términos rimbombantes y de barbarismos que revelan la ignorancia y la pedantería de quienes los pronuncian y los escriben, y aun son una muestra de la actitud despreciativa del comunicante hacia su lengua materna y hacia los oyentes, es imprescindible conocer el valor de las palabras. Por tanto, el buen uso de las palabras evitará que se produzcan impropiedades léxicas y enunciados ininteligibles, al mismo tiempo propiciará la transmisión del contenido cabal de un determinado mensaje. Así pues, hay que concluir que el empleo de barbarismos innecesarios, el uso de solecismos, la deformación de voces y el olvido de la norma lingüística en la construcción de giros no contribuyen, de ningún modo, a clarificar el mensaje que se quiere transmitir. Generalmente, los barbarismos son vocablos o giros procedentes de otras lenguas y, en sentido restringido, el barbarismo es sinónimo de extranjerismo. Según su origen, los extranjerismos se denominan: anglicismos, si provienen del inglés; galicismos, cuando derivan del francés; germanismos, si provienen del alemán;

italianismos, cuando se basan en el italiano; etcétera. El diccionario de la Real Academia Española, especialmente en su última edición, coincidente con la celebración del V Centenario, ya recoge un buen número de vocablos considerados extranjerismos. Sin embargo, las voces que provienen del griego -helenismos- o del latín -latinismos- tienen un carácter básico en la formación del idioma español y, por consiguiente, no se consideran barbarismos o extranjerismos. El solecismo es una palabra que, literalmente, significa hablar defectuoso; y se diferencia del barbarismo porque, mientras éste es un error cometido por el empleo de una forma inexistente en la lengua, el solecismo consiste en el mal uso de una forma existente. (Lázaro Carreter, en su "Diccionario de términos filológicos").

Expresiones erróneas e incorrecciones léxicas
Con frecuencia, se emplea erróneamente el término asequible, en lugar de accesible. Y así, no hay que decir de una persona que es asequible, sino que debe emplearse la palabra correcta, esto es, accesible. Con la palabra asequible designamos aquello que se puede conseguir o alcanzar; mientras que el término

accesible significa de fácil acceso o trato. Ejemplos: Este coche no es asequible para nosotros, a causa de su precio excesivo. Nuestro vecino es una persona accesible. Tampoco hay que confundir el vocablo adición, sinónimo de suma, con adicción, término con el que se alude al hábito de quienes se dejan dominar por el consumo de estupefacientes. No debe utilizarse la locución prepositiva al respecto de, sino con respecto de, o también respecto a. A menudo se emplean erróneamente expresiones como una acción a imitar cuando lo correcto es una acción imitable o digna de ser imitada. Constituye también un error decir o escribir a celebrar en Roma la próxima semana, pues lo correcto es que se celebrará en Roma la próxima semana. Otro tanto sucede con la locución por contra, que se emplea erróneamente en vez de las expresiones correctas, por el contrario, por lo contrario, o, al contrario. Algunas veces, los hablantes dudan al emplear correctamente el superlativo fortísimo y erróneamente dicen y escriben fuertísimo. La palabra versátil es un adjetivo que significa voluble e inconstante; es incorrecto, pues, asociarlo al significado de términos como dúctil, capaz, polifacético, etcétera. A menudo se dice y escribe "fuistes", "llegastes", "vinistes", "leistes", cuando lo correcto es fuiste, llegaste, viniste, leíste... En español, el adjetivo agresivo significa que provoca, ofende, o ataca. Es una incorrección léxica, por ejemplo, emplear el término agresivo en vez de vocablos como imaginativo, dinámico, activo, emprendedor, etcétera. Las frases en nuestra escuela de negocios preparamos comerciales agresivos o hay que llevar a cabo una campaña política agresiva chocan contra los usos idiomáticos del español y, en consecuencia, deben enunciarse correctamente; dígase y escríbase, pues, en nuestra escuela de negocios preparamos comerciales dinámicos, emprendedores, activos... y hay que llevar a cabo una campaña política imaginativa, dinámica, activa. A veces se emplea el vocablo nominar incorrectamente; y así, se oye decir que una persona fue nominada para un premio; cuando lo correcto es decir que una persona fue propuesta, presentada, seleccionada.... para un premio. El lenguaje es, por así decirlo, la herramienta que manejan de continuo los componentes de una comunidad de hablantes y, en consecuencia, se halla en continua evolución o cambio; no es obra conclusa o acabada: el lenguaje es actividad. El buen uso de la palabra hablada y escrita conlleva cierta complejidad que habrá de resolverse en un determinado momento y en un contexto concreto. Luego, el tiempo y el espacio son variables que inciden sobre el lenguaje dándole vida y, a la vez, condicionándole. El significado de las palabras evoluciona, y cobra sentido, con el transcurso del tiempo y dentro de un espacio concreto. El mensaje cabal convierte a la palabra en garante de la fiabilidad de los contenidos que el emisor desea transmitir al receptor. Mas ambos, palabra y mensaje cabal, están sujetos a los avatares del contexto en el que se producen, al paso del tiempo y a los cambios y transformaciones que experimenta la propia comunidad de hablantes. Y así, se habla de un "eje de simultaneidades" o eje horizontal, en donde la acción del tiempo quedaría excluida; y de un "eje de sucesiones" o eje vertical, mediante el cual es posible considerar sólo una cosa cada vez y en donde sí cuenta la acción del tiempo. Mediante el "eje de simultaneidades" se hace referencia a los aspectos estáticos o sincrónicos de la lengua, a los denominados estados de lengua; mientras que al "eje de sucesiones" se le relaciona con la evolución o diacrónica de la lengua. En consecuencia, y definitivamente, habrá una lingüística sincrónica y una lingüística diacrónica. La primera se refiere al aspecto estático de la lengua, estudia un estado de lengua; mientras que la segunda comprende todo lo que se relaciona con los cambios de la lengua, esto es, estudia las fases de evolución de la lengua. De los cambios en el significado de las palabras se encarga la semántica; mientras que la lexicología se interesa por el sentido que, posee una palabra en un momento concreto. La lexicología, pues, estudia el léxico sin tener en cuenta la acción del tiempo sobre las palabras; mientras que la semántica estudia la significación de las palabras, y se interesa por la evolución de los vocablos y su cambio de sentido a través del tiempo; por eso se habla de "cambios semánticos o cambios de significados". La semántica es, por tanto, una disciplina diacrónica; mientras que la lexicología estudia el léxico de una lengua desde un punto de vista sincrónico. Así pues, cuando el emisor utiliza una palabra con sentido distinto al que le corresponde falta a la precisión semántica y no transmite un mensaje cabal al receptor. De ahí que todo hablante esté obligado a conocer el significado de las palabras.

Definiciones

Polisemia

Una misma palabra puede tener más de un significado, en cuyo caso nos encontramos con el fenómeno de la polisemia: "planta", "gato", "cabo".

Ejemplos de frases con distintos significados de la palabra "planta": "Me duele la planta del pie". "Debes regar la planta que te regalé para que no se seque". "La bodega tiene una moderna planta embotelladora". "El campesino planta lúpulo en las tierras de regadío". "El alcalde inauguró la nueva planta productora de energía".

Ejemplos de frases con distintos significados de la palabra "gato": "Hay que levantar el coche con el gato para sustituir la rueda pinchada por la de repuesto". "Hemos visto un gato montés por el campo".

Ejemplos de frases con distintos significados de la palabra "cabo": "Los turistas recorrieron el museo de cabo a rabo". "El cabo ordenó a los soldados que se pusieran firmes". "Pasaron sus vacaciones cerca del cabo de Peñas". "En este negocio no hay que dejar ningún cabo suelto".

Antonimia

Se denomina antonimia a la significación contraria de dos palabras.

En la antonimia se enfrentan conceptos y se marca la oposición drástica de ideas.

Ejemplos:

"bien-mal","positivo-negativo",

"comedia-drama",

"verdadero-falso",

"claro-oscuro".

Homonimia

Cuando dos palabras se pronuncian de idéntico modo -aunque difieran en su ortografía-, pero tienen distinto significado, se dice que son homónimas: "ola-hola"; "ojear-hojear";"echo-hecho".

Metáfora

Literalmente, la metáfora significa "transposición". A la metáfora también se la considera una figura retórica mediante la cual se presentan como idénticos dos términos distintos. Por ejemplo, cuando oímos la expresión boca de mina entendemos que se nos habla de la entrada de una mina. ¡Lo mismo ocurre con la exclamación: ¡Qué burro eres! referida a una persona; sabemos que quiere decir que esa persona es muy torpe.

Metonimia

Literalmente, la metonimia significa cambio de nombre. La metonimia está considerada como una figura retórica que se emplea por los hablantes para facilitar la comprensión del mensaje se quiere transmitir al oyente. En la metonimia, la palabra empleada en un sentido que no es el habitual. Por ejemplo, cuando alguien nos dice que nos invita a tomar una copa, en realidad está refiriéndose al contenido de la copa y no a la propia copa. Y cuando oímos que no pasa ni un alma por la calle, en realidad entendemos que no pasa ninguna persona por la calle.

Sinonimia

Varias palabras distintas pueden tener el mismo significado, en cuyo caso nos encontramos ante el fenómeno de la sinonimia: "perro-can-sabueso"; "burro-asno-jumento-pollino"; "trabajo-labor". Ejemplos de frases con términos sinónimos: "El perro ladra". "El can ladra". "El sabueso ladra". "El burro va cargado".

"El asno va cargado". "El jumento va cargado". "El pollino va cargado". "Acabaron pronto su trabajo". "Acabaron pronto su labor". "Acabaron pronto su ocupación".

"El jefe de taller enseña una nueva técnica al novato".

"El jefe de taller enseña una nueva técnica al aprendiz".

"El jefe de taller enseña una nueva técnica al principiante".

Debemos conocer cómo es nuestro idioma y, de acuerdo con este conocimiento, establecer cómo debemos usarlo. Nuestro idioma es un modo de ser, una forma de cultura, algo más que un código de señales, que hoy, tengámoslo presente, se extiende por doce millones de kilómetros cuadrados y que es casi el único vínculo que une a más de trescientos millones de seres humanos. Sólo conociendo el idioma sabremos manejarlo y, consecuentemente, transmitir nuestras ideas con claridad y comunicar nuestros mensajes con la suficiente transparencia como para ser entendidos y comprendidos. Es obvio, sin embargo, que los profesionales de la palabra hablada y escrita, los periodistas, locutores, presentadores, creativos y publicistas, además de una responsabilidad social, tienen también la obligación moral de usar correctamente el lenguaje, pues es su herramienta de trabajo y han de manejarla con sabiduría y justeza para que sus mensajes sean veraces, convincentes y efectivos y, por consiguiente, merece el mayor de los respetos: "La lengua es un instrumento y, como en todo instrumento, la gradación de habilidades en su uso es muy extensa.

Eufemismos y tabúes

Sabemos, que la semántica es la parte de la lingüística que se ocupa del significado y la evolución de las palabras. Además, se han señalado ya algunas de las causas por las que se han producido los cambios semánticos. Seguidamente, y con objeto de ampliar los conocimientos sobre el lenguaje, describiremos también aquellos factores sociales que más han contribuido al afianzamiento de ciertos cambios semánticos; nos referimos, especialmente, al eufemismo y al tabú.

Eufemismo

Se produce un eufemismo cuando en determinados contextos y ocasiones los hablantes evitan pronunciar una palabra concreta, porque la consideran soez o malsonante o porque va contra los usos y normas sociales, y la sustituyen por otra más suave o, por así decirlo, más decorosa. Por ejemplo, habitualmente se utiliza la expresión nuestros mayores en vez de nuestros viejos. También, a menudo se emplea la palabra baño, o servicio, y se evita decir retrete. Es frecuente, además, oír seno en vez de pecho; embarazo en lugar de preñez; invidente por ciego. En la jerga político-social abundan los eufemismos; y así, en vez de manifestar que se producirán despidos y aumentará el desempleo se oye, por ejemplo, la expresión flexibilidad del mercado laboral; también, en vez de anunciar, pura y simplemente, una subida de precios se dice que habrá un reajuste de precios; con frecuencia, los responsables de la hacienda pública hablan de presión fiscal en vez de aumento de los impuestos. En ocasiones se emplea la expresión eufemística reconversión industrial para referirse al cierre de fábricas e industrias.

Tabú

Literalmente la palabra tabú, que es un vocablo polinesio, significa lo sagrado y lo prohibido. Desde el punto de vista lingüístico, se considera que una palabra es tabú cuando, por razones sociales o psicológicas o de otra índole, no se puede decir. Lázaro Carreter, en su "Diccionario de términos filológicos", define el término tabú del siguiente modo: "Voz polinesia que, en Lingüística, se utiliza para designar cualquier palabra que, por motivos religiosos, supersticiosos o de índole social, es evitada por el hablante, el cual debe aludir al concepto mediante una metáfora, una perífrasis (en este sentido son tabúes muchos eufemismos) o una deformación del vocablo propio."

Perífrasis

En síntesis, la perífrasis es un circunloquio y una digresión, pues consiste en expresar por medio de un rodeo de palabras algo que se hubiera podido decir de forma más simple: lengua de Cervantes para referirse al castellano. Los estudiosos de la lengua afirman que las palabras y sus significados constituyen un sistema solidario; de ahí que el vocabulario de un idioma aparezca dividido en sectores que se denominan campos semánticos. El campo semántico del concepto medida engloba los términos: ancho, largo, alto, profundo. El campo semántico del concepto lácteo comprende las palabras: leche, mantequilla, nata, queso. El campo semántico del concepto espacio abarca los términos: amplio, angosto. Al campo semántico del concepto parentesco pertenecen las palabras: primo, tío, sobrino, hermano, padre, madre, abuelo.

El énfasis

Mediante el énfasis, el interlocutor que participa en un diálogo da a entender más de lo que verdaderamente dice, o también quiere hacer comprender lo que no dice. El énfasis implica intensidad y entonación al articular las frases, y puede ser tan exageradamente cuidada la pronunciación del discurso o de la réplica, por parte de un determinado hablante, que acaso se llegue a la afectación o a la grandilocuencia: Afectación en la expresión, en el tono de la voz o en el gesto. Un ejemplo claro de énfasis lo constituye el siguiente fragmento, entresacado de una célebre obra de Jacinto Benavente: "Por quererla quien la quiere, la llaman la Malquerida."

La hipérbole

Mediante la hipérbole se exagera el mensaje y su sentido a fin de aumentar o disminuir excesivamente la verdad de aquello de que se habla. Ejemplos de hipérbole los encontramos frecuentemente en muchos de los escritos, y dichos, de nuestros autores clásicos y en sentencias y adagios populares: "y por llanto, el mar profundo" (Salinas). "Hace un siglo que no te veo por estos contornos". "Un millón de gracias". "Te lo he repetido un sinnúmero de veces". "Mi amigo es la bondad personificada".

La redundancia

Mediante la redundancia se repiten inútilmente conceptos, y palabras, que no son necesarios para el mejor conocimiento de un mensaje: Demasía o profusión viciosa de palabras. Sin embargo, en ocasiones, el empleo reiterado de algunos vocablos superfluos puede conferir fuerza y belleza a una expresión. Ejemplos de redundancias: "Lo vi con mis propios ojos". "El avión vuela por el aire". "Yo mismo estuve en el lugar de los hechos". A veces, el interlocutor pretende ahorrar al máximo las palabras y omite en su mensaje ciertos términos que considera superfluos; es lo que se llama la ley del menor esfuerzo. Los lingüistas denominan a este fenómeno "braquilogía", término que definen del modo siguiente:

"Empleo de una expresión corta equivalente a otra más amplia o complicada: me creo honrado (creo que soy honrado)." (Lázaro Carreter, en su "Diccionario de términos filológicos").

Elipsis

Similar a la braquilogía, puesto que también consiste en un ahorro de palabras, es la elipsis; un fenómeno que consiste en omitir en la oración palabras que no son indispensables para la claridad del sentido; por eso se dice, simplemente, que la elipsis consiste en la supresión de una o más palabras. Aunque esta supresión de una o más palabras no debe alterar el sentido de la frase; por ejemplo, un hablante puede preguntar ¿Qué tal? y el interlocutor sobrentender ¿Qué tal te parece?

Las palabras son señales o símbolos con cuyo sentido se identifica una determinada comunidad de hablantes, la cual no sólo deberá diferenciarlos, sino que también ha de tener la capacidad para saber utilizarlos y emplearlos correctamente a fin de conocer, al propio tiempo, tanto los hechos del mundo exterior como del propio mundo subjetivo. Los signos lingüísticos son arbitrarios, esto es, convencionales, y las palabras que forman parte de una lengua siempre están penetradas de actividad mental; por consiguiente, la esencia intrínseca de una comunidad de hablantes consiste en desarrollar la capacidad de comunicarse, objetivo que se logra con las palabras y mediante las palabras; y, ya que las palabras representan objetos, muestran hechos o describen situaciones y acontecimientos, puede concluirse que no hay comunicación sin contenido ni palabras vacías; luego, el lenguaje es un sistema de signos y, en cuanto que se compone de palabras, es además una institución humana que surge de la vida en sociedad; no se puede considerar el lenguaje como una entidad ideal que evoluciona al margen de la sociedad, ya que el lenguaje no existe independientemente de quienes piensan y hablan, y su evolución representa uno de los aspectos del propio proceso de evolución social; el lenguaje es también el instrumento de que se sirve la comunidad de hablantes para expresar los hechos de la realidad: las palabras garantizan la conexión entre el lenguaje y la realidad.

Ejercicio 1

Lee el siguiente texto y contesta las preguntas que se te presentan a continuación

La historia de la comunicación tiene su origen millones de años atrás; el hombre, desde que existió, buscó siempre una forma, aunque ésta sea primitiva de comunicar sus pensamientos y a su vez las acciones. La necesidad de comunicarse nace junto con los primeros seres vivos del universo, debido a esto, nuestros ancestros comenzaron a utilizar gestos, sonidos, luego piedras, arcilla, metal, madera, señales de fuego, humo, tambores, papel, caballos (estos últimos viajan a unos 15 Kms. por hora), palomas mensajeras, hasta llegar a lo que hoy conocemos. La historia de la comunicación define a ésta última como la transmisión y recepción de ideas, mensajes e información; en los últimos años se fueron desarrollando distintas formas que nos permitieron acceder a diferentes tipos de comunicación: Visual, verbal, escrita, auditiva, etc. La comunicación que se establece entre dos personas se considera el resultado de miles de métodos de expresión que se vinieron desarrollando durante varios años. La historia de la comunicación asegura que la misma no siempre se da de forma verbal, puede ser por gestos y mediante un papel y un lápiz.

Preguntas

1. ¿Desde cuándo se comunica el hombre? Y ¿por qué?
2. ¿Cómo se comunicaban?
3. ¿Cómo se define la comunicación?

Proceso e intención comunicativa

Se ha comprobado que los seres vivos nos comunicamos de diferentes formas entre nosotros mismos y con otras especies. El ser humano también ha creado formas diversas de comunicación:

-Oral: Se da cuando dos seres vivos se intentan comunicar mediante un código verbal que ambos deben conocer. Una conversación entre amigos, etc.

-Visual: La que recibimos con la vista a través de imágenes. Una foto, una mueca, un color, etc.

-Escrita: Se da a través de un código llamado alfabeto con el que se forman palabras con un significado para ambos. Tanto el emisor como el receptor, deben estar comunicándose en un mismo idioma, ya que el lenguaje de unas regiones o países a otros son diferentes. Una novela, el menú de un restaurante e indicaciones en carteles, entre otras.

-Simbólica: Se expresa mediante unos símbolos que pueden expresar desde letras, palabras, grupos de música hasta religiones, ideologías... etcétera. El símbolo de solidaridad por los afecta dos del sida, de la religión católica, el que indica que una marca está registrada, etc.

-Sonora: Es la producida por sonidos que pueden proceder de seres vivos, aparatos o máquinas.

La sirena de una ambulancia, el estornudo de una persona, la radio, etc.

-Gestual: La que expresamos mediante gestos físicos. Ésta adquiere un grado mayor de importancia porque para muchas personas es su manera principal de comunicarse. El alfabeto para sordomudos, cuando alguien se tapa la nariz para decir que huele.

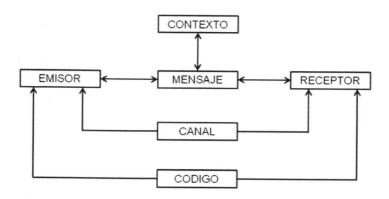

Objeto de aprendizaje: Funciones del lenguaje

Se denominan funciones del lenguaje aquellas expresiones del mismo que pueden trasmitir las actitudes del emisor (del hablante, en la comunicación oral y del escritor, en la comunicación escrita) frente al proceso comunicativo. El lenguaje se usa para comunicar una realidad (sea afirmativa, negativa o de posibilidad), un deseo, una admiración, o para preguntar o dar una orden. Según sea como utilicemos las distintas oraciones que expresan dichas realidades, será la función que desempeñe el lenguaje.

El lenguaje tiene seis funciones:

1. Función Emotiva
2. Función Conativa
3. Función Referencial
4. Función Metalingüística
5. Función Fática
6. Función Poética

Función emotiva

El mensaje que emite el emisor hace referencia a lo que siente, su yo íntimo, predominando él, sobre todos los demás factores que constituyen el proceso de comunicación. Las formas lingüísticas en las que se realiza esta función corresponden a interjecciones y a las oraciones exclamativas:

¡Ay! ¡Qué dolor de cabeza!

¡Qué gusto de verte!

¡Qué rico el postre!

Función apelativa o conativa

El receptor predomina sobre los otros factores de la comunicación, pues la comunicación está centrada en la persona del tú, de quien se espera la realización de un acto o una respuesta. Las formas lingüísticas en las que se realiza preferentemente la función conativa corresponden al vocativo y a las oraciones imperativas e interrogativas.

- Pedro, haga el favor de traer más café.

- ¿Trajiste la carta?

- Andrés, cierra la ventana, por favor.

Función referencial

El acto de comunicación está centrado en el contexto, o sea, en el tema o asunto del que se está haciendo referencia.

Se utilizan oraciones declarativas o enunciativas, pudiendo ser afirmativas o negativas.

- El hombre es animal racional.

- La fórmula del Ozono es O_3.

- No hace frío.

- Las clases se suspenden hasta la tercera hora.

Función metalingüística

Se centra en el código mismo de la lengua. Es el código el factor predominante.

- Pedro tiene 5 letras.

- Burro se escribe con b.

- Es incorrecto decir súbete para arriba.

Función fática

Consiste en iniciar, interrumpir, continuar o finalizar la comunicación.

Para este fin existen fórmulas de saludo: (buenos días, ¡hola!, ¿cómo estás?, ¿Qui´ hubo?, etc.), Fórmulas de despedida: (adiós, hasta luego, nos vemos, que lo pases bien, etc.) y fórmulas que se utilizan para interrumpir una conversación y luego continuarla: (perdón..., espere un momentito..., como le decía..., hablábamos de..., etc.).

Función poética

Se utiliza preferentemente en la literatura. El acto de comunicación está centrado en el mensaje mismo, en su disposición, en la forma como éste se trasmite. Entre los recursos expresivos utilizados están la rima, la aliteración, etc.

- "Que el alma que hablar puede con los ojos también puede besar con la mirada".
- "Y yo me lo llevé al río, creyendo que era mozuela, pero tenía marido".

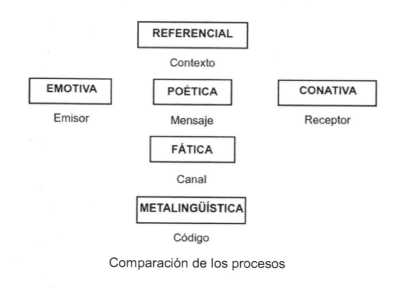

Comparación de los procesos

Ejercicio 2

Redacta un diálogo con diferentes intenciones comunicativas (utilizando las seis funciones del lenguaje), y preséntalo haciendo énfasis en el tono de voz empleado para identificar a qué intención pertenece.

1.

2.

3.

4.

5.

6.

Escritura

2.- Redacción

Deja fluir ideas cuya expresión se corregirá o mejorará luego.

No te preocupes por la ortografía, puntuación, la palabra exacta u oportuna.

Post-escritura

3.- Revisión

¿Está el tema claro? ¿Tiene sentido lo que se ha escrito?

¿Hemos elegido bien las palabras para explicarnos bien, para corresponder al propósito de escritura?

¿Damos ideas generales y detalles? ¿Hay una buena progresión del relato (planteamiento-presentación, problema, solución)? ¿Están los contenidos ordenados? Se analiza el contenido, se corrigen los errores, y se suprime lo que no es apropiado. Se reorganizan algunas partes (llevando párrafos de un lugar a otro, agrupando mejor...) para que el significado sea más claro o más interesante. Se debe verificar lo siguiente:

Ortografía, mayúsculas y puntuación. Partes de las oraciones.

4.- Reescritura

Que no haya repeticiones. Errores en el tiempo de los verbos y concordancia en ellos; concordancia entre sustantivos y pronombres.

5.- Estilo

Es el conjunto de características o cualidad que diferencian y distinguen una forma de escribir de otra. El estilo es el sentido vital, la personalidad transferida al desarrollo oral o escrito del tema. En tanto que la redacción y la gramática son instrumentos que sirven para lograr la mejor manera de expresar una idea, el estilo indica el modo personal e intransferible de hacerlo.

Ejercicio 4

Redacta un texto siguiendo las etapas del proceso de escritura; elige uno de los temas siguientes:

El amor.

La amistad.

La familia.

1.- Planeación:

2.- Redacción:

3.- Revisión:

4.- Rescritura:

5.- Estilo:

Pregunta

¿Qué aspectos crees que determinan el estilo de un escritor?, ¿cómo definirías tu estilo de redacción?

Ejercicio 5

Practica el proceso de escritura redactando un texto sobre: La diversidad cultural, discriminación por causas técnicas, culturales o de género (elige solamente uno).

Semántica literaria

Cuando el hablante se encuentra ante la situación de explicar cómo debe comunicar su mundo anímico e íntimo, cobra sentido la denominada semántica psicológica; por mor de la cual el emisor o hablante manifiesta lo que ocurre en su espíritu. Existe, pues, un lenguaje que se nutre de los enunciados que aluden a los fenómenos mentales; un lenguaje sobre el pensamiento, el sentimiento, la emoción, la memoria...; un lenguaje que, utilizado definitivamente por el hablante, se convierte en discurso psicológico. Este uso que el hablante hace del lenguaje no es social, ni sus mensajes son intencionales o deliberados; no se trata, en fin, de un lenguaje moral.... Decididamente, mediante la semántica psicológica es posible desvelar, descubrir, interpretar y sacar a la luz el mecanismo psíquico que se establece entre el hablante o emisor y el oyente o receptor.

Semántica lingüística

Si el hablante tiene que transmitir, mediante el lenguaje articulado, un mensaje cargado de significación y contenido debe conocer, de modo exhaustivo, la semántica lingüística, que es la que propiamente se ocupa de la significación de las palabras. Las restantes semánticas, es decir, la semántica lógica y la semántica psicológica se diferencian de la semántica lingüística; y a fin de distinguirlas, transcribiremos el siguiente ejemplo: "Imaginémonos en presencia del objeto vaso, ante cuya observación un hablante dice vaso. Hay en semántica lógica, una coherencia, diríamos lógica, entre el concepto vaso y el objeto que tenemos delante. Si el hablante dijera botella, la semántica lógica nos hablaría de error a causa de esa transmisión con confusión; la ética nos hablaría de mentira si el hablante ha observado que es vaso, pero ha dicho botella con intención de engañar; la semántica psicológica indagaría las asociaciones mentales que han inducido al hablante a decir botella ante un vaso y las razones psicológicas de esta falsa visión individual. Lingüísticamente no ha habido ni error ni mentira, sino un funcionamiento de la palabra vaso frente a copa, un funcionamiento de botella frente a jarra, garrafa, frasco. Y, también lingüísticamente, se tiene en cada una de esas palabras un presupuesto recíproco entre significado y significante cuyo conjunto da un contenido en nuestra lengua castellana." (Vidal Lamíquiz).

Hemos empleado con   frecuencia, la expresión lenguaje articulado para referirnos al lenguaje humano; por ello, conviene precisar más el sentido de esos conceptos y, en consecuencia, de la doble articulación del lenguaje.

Primera articulación del lenguaje

Merced a esta peculiaridad del lenguaje, todo hecho de experiencia que el emisor vaya a transmitir, toda necesidad que se desee hacer conocer a otra persona, se analiza en una sucesión de unidades, cada una de ellas dotadas de una forma vocal y de un sentido. Por ejemplo, si sufro dolores de cabeza, y quiero comunicar esa sensación de dolor a otra persona, puedo dar un grito, pero el oyente no sabrá exactamente qué es lo que me pasa, y además este acto no basta para hacer una comunicación lingüística. Sin embargo, si digo: "me duele la cabeza", habré logrado la comunicación, ya que el oyente sabrá perfectamente lo específico de mi situación. Pero, si nos fijamos bien en nuestro ejemplo, observaremos que, en puridad, lo que hemos hecho es pronunciar cuatro palabras sucesivas ("me" - "duele" - "la" - "cabeza"), cuatro unidades que podríamos encontrar en otro contexto, en el que significasen cosas distintas. Ejemplo: Iba en la "cabeza" de la manifestación. También, simplemente podemos decir "cabeza". La utilización de estas unidades suponen una gran economía para la comunicación, ya que con muchas unidades como estas -"cabeza", "la", "de", "en", duele"...-, ampliamente combinadas, puede un hablante comunicar toda su experiencia. Llegados a este punto cabría hacerse una reflexión, la cual consistiría en pensar cómo sería posible la comunicación si cada experiencia, cada situación, tuviera que ser comunicada separadamente, esto es, por gritos inarticulados y diferentes.

Segunda articulación del lenguaje

El lenguaje humano se organiza o se articula según una serie de unidades de la primera articulación; asimismo, ha quedado señalado que cada una de esas unidades tiene un sentido y también una forma fónica, es decir, un sonido. La palabra "cabeza", por ejemplo, tiene un sentido: aquello que significa la palabra ("Parte superior del cuerpo humano". "Intelecto, talento". "Retrato en escultura o pintura". "Principio o parte extrema de una cosa"...), y una forma fónica: un sonido. Esta unidad, "cabeza", no la podemos dividir en cuanto a su sentido, ya que no significa nada, "ca" - "be" - "za", pero sí la podemos dividir en cuanto a su función. Y así, la unidad "cabeza" podemos dividirla en seis sonidos o unidades de la segunda articulación:

$$/c/-/a/-/b/-/e/-/z/-/a/$$

Merced a la segunda articulación del lenguaje, la lengua puede limitarse a unas decenas, por así decirlo, de producciones fónicas distintas que se combinan para obtener la forma vocálica de la primera articulación.

Unidades lingüísticas de base

Un enunciado como "me duele la cabeza" o una parte de dicho enunciado que tenga sentido se llama signo lingüístico. Y todo signo lingüístico se compone de un significado -un sentido o valor- y de un significante, en virtud del cual se manifiesta el signo. A su vez, el signo lingüístico está dividido en unidades de la primera articulación o monemas, cada una de las cuales tiene también un significante y un significado. El significante de los monemas aparece dividido, a su vez, en unidades de la segunda articulación, ya que es el que reviste la forma fónica; esta última unidad se denomina fonema. Respecto al monema cabe decir que puede constituir por sí mismo un signo lingüístico, pero no así el fonema. En el enunciado del ejemplo que venimos utilizando, tendríamos lo siguiente:

"Me duele la cabeza"- signo lingüístico.

Me-duele-la-cabeza- 4 monemas.

/M/-/e/-/d/-/u/-/e/-/l/-/e/-/l/-/a/-/c/-/a/-/b/-/e/-/z/-/a/-

15 fonemas; algunos repetidos. Por consiguiente, los sonidos utilizados en el acto de hablar se organizan, en cuanto a su realización material, conforme al clásico y conocido esquema siguiente: Lo articulatorio -propio del hablante. Lo acústico -equivale a las vibraciones del aire. Lo auditivo -propio del oyente. Mediante el lenguaje, el hablante comunica sus pensamientos al oyente y, al propio tiempo, el primero aprehende el mensaje contenido en la réplica del segundo: entre hablante y oyente se establece, pues, una comunicación dinámica gracias a la capacidad de ambos para usar palabras, formar frases y combinarlas adecuadamente. Aunque hay varios tipos de lenguaje -imitativo o mímico, táctil, gestual, olfativo, visual, -el que corresponde a la facultad del habla, el denominado lenguaje auditivo, hablado o articulado, es el que interesa a la lingüística o ciencia del lenguaje; de ahí que la lingüística se defina también como la ciencia del

lenguaje articulado. Además, al investigar desde diversos puntos de vista, y al aplicar diferentes métodos, los lingüistas han descubierto que existen varias modalidades de esta ciencia del lenguaje; aunque, en sentido estricto, se habla de tres lingüísticas, a saber: lingüística histórica; lingüística estructural; y lingüística generativa o transformacional. Lingüística histórica: mira hacia el pasado de la lengua; se ocupa de la historia y evolución de la lengua. Lingüística estructural: estudia el uso diario de la lengua y la describe desde su presente. Lingüística generativa y transformacional: se interesa por el futuro de la lengua, le importa cómo va a ser la lengua.

Ejercicio 6

Lee el siguiente texto y contesta la pregunta

Arsenio Sánchez Pérez. 2009

La redacción es un ejercicio que te permitirá "poner en orden" las palabras que conforman tus ideas para expresarlas de manera oral o escrita. Cualquier texto está constituido por uno o varios párrafos compuestos, a su vez, de uno o más enunciados relacionados entre sí y Ordenados de acuerdo con idea común. El texto puede ser una palabra, Una frase, un capítulo o un libro, pero, cualquiera que sea su extensión, debe trasmitir un mensaje completo y cerrado en el que los párrafos están articulados y se den sentido entre sí, y en el que las oraciones que lo constituyen estén relacionados y ordenados. El texto debe reunir las propiedades de adecuación, coherencia y cohesión.

Pregunta
¿Qué entiendes por una buena redacción?

Propiedades de la redacción

Adecuación

Es el cumplimiento de las normas que afectan a la constitución de un texto, entre las que destacan: Adecuación al receptor, a sus conocimientos, su edad, su nivel cultural, su situación personal o social, al tema no divagar ni salirse del objeto del texto y a la situación comunicativa utilizando el lenguaje oportuno (coloquial, formal, etc.). -Grado de ajuste del mensaje su forma.

Coherencia

Las ideas de un escrito están enlazadas de manera lógica y ordenadas mediante los nexos y los signos de puntuación para permitir la comprensión. Los enunciados que forman un texto no constituyen una lista arbitraria, sino que están en función de lo que se quiere expresar. -Ideas organizadas.

Cohesión

Cualquier texto constituye una unidad con un principio, un desarrollo y una conclusión; el escrito debe desarrollar toda una idea general.

Pero al mismo tiempo, cada una de sus partes, así como los párrafos, son independientes entre sí. La cohesión consiste en la dependencia gramatical entre las diferentes unidades que componen un texto.

-Relación y funciones entre enunciados.

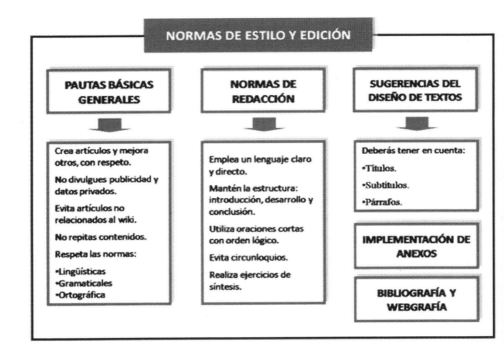

Ejercicio 7

*Realiza los siguientes ejercicios sobre las
propiedades de la redacción*

Adecuación

Subraya la palabra que No es adecuada en los
siguientes enunciados:

-Bajo la piedra, había una horrible y preciosa serpiente.

-Mi amiga vive en una casa un poco grande.

*-Trabaja en los mejores circos del mundo porque es
muy malabarista.*

Coherencia

Ordena correctamente el siguiente texto:

*-El control de la tala de algunas especies impiden su
desaparición.*

-Sólo se permite cortar treinta de cada cien.

*-Algunos gobiernos han tomado diversas medidas
contra la explotación*

masiva de los árboles.

*-Hay una gran preocupación en todo el mundo por la
desaparición de muchos bosques.*

Cohesión

Elimina las palabras innecesarias en el texto:

-El otro día en la calle me encontré con unos amigos. Los amigos me contaron que habían comprado una moto. Habían comprado la moto con un dinero que habían ganado en verano. En verano habían estado trabajando para ganar dinero y comprar una moto.

Ejercicio 8

*Lee el siguiente texto e identifica las propiedades
de la redacción*

Vestimenta tradicional de los Cucapá

*Según el testimonio del capitán Hernando de Alarcón,
tanto hombres como mujeres usaban pinturas faciales
y corporales. Los hombres usaban tocados de pluma y
collares de chaquira de hueso, con pendientes en las
orejas y nariz, y cinturones con manojos de plumas y
las mujeres vestían únicamente falda de corteza de
sauce. Este vestido de la mujer durará hasta principios
del siglo XX. Con respecto a la pintura facial y corporal
eran de 4 colores: Negro, blanco, rojo y amarillo (por
ejemplo, las mujeres solteras se pintaban una cruz en
la frente y las casadas un círculo y dos rayas paralelas
que parten de las comisuras de los labios). En
ocasiones, esta pintura facial se alargaba hasta la
cintura. En ciertos rituales también se realizaban
tatuajes, tanto hombres como mujeres. La pintura la
obtenían de minerales. A partir de la segunda mitad del
siglo XIX la indumentaria Cucapá adoptó elementos del
vestido occidental: los hombres pantalones y
camisetas con jeroglíficos pintados con anilina, y las*

mujeres vestidos largos de percal con pañuelos de colores sobre los hombros a modo de capa y pectorales de chaquira. También a principios del siglo XX los hombres comienzan a recogerse el cabello con un molote cubierto con una mascada, el SOPEJ que sustituía el adorno con plumas y cascabeles de víbora. Este SOPEJ todavía lo usaban en los años 70.

Gramática tradicional

La denominada Gramática tradicional que, en sentido amplio, puede considerarse como una especie de prehistoria de la lingüística, por así decirlo, pretenderá fijará unas normas de alcance universal, es decir, válidas para todas las lenguas; y también tratará sobre las primeras manifestaciones lingüísticas, tales como: la escritura jeroglífica egipcia; especialmente en cuanto su expresión simbólica va evolucionando hasta conformar un código de signos indicadores de significados y sonidos. Y así, señalaremos, por ejemplo, que en las tiras del famoso "Libro de los muertos", y junto a los dibujos que representan escarabajos, se intercalan pictogramas que tienen forma de boca, lo cual significa "hablar". Los antiguos egipcios consideraban que la escritura la había creado un dios y que luego se la había donado a los hombres; la misma palabra "jeroglífico" significaría literalmente "escritura de los dioses". Generalmente, los pictogramas expresan ideas; pero también existen otros signos, denominados fonogramas, que representan sonidos. La escritura cuneiforme de la civilización Sumerio-Acadia; los signos grabados, mediante cañas afiladas, en numerosas tabletas o planchas de arcilla, llegaban a representar y constituir casi un alfabeto y un extenso vocabulario. A modo de ejemplo ilustrativo, baste citar la gran biblioteca de Nínive, creada por el rey asirio Asurbanipal (nacido hacia el año 668, antes de nuestra era, y muerto hacia el año 626), y compuesta por más de 22.000 planchas de arcilla que trataban de temas diversos, tales como historia, medicina, astronomía, textos mercantiles, gestas y epopeyas. De entre estas últimas cabe destacar el célebre "Poema de Gilgamesh", considerado como la primera epopeya del mundo, y contenido todo él en doce tabletas de arcilla, de cuyo texto entresacamos el siguiente fragmento. La escritura ideográfica de la antigua China; cuyos ideogramas son símbolos que representan conceptos. La lengua sánscrita o védica, de los antiguos hindúes; por cuanto constituye el primer ensayo de sistematización de una lengua que, entre otros aspectos sobresalientes, destaca por su fonología, morfología y sintaxis. La lengua hebrea, cuyos documentos históricos, por ejemplo, la Biblia, contienen numerosas referencias al conocimiento lingüístico mediante la introducción de etimologías y la aparición del bilingüismo o el plurilingüismo a causa de las relaciones con otros pueblos. La invención del alfabeto y el perfeccionamiento de la escritura que los fenicios, fieles a su espíritu mercantil y comercial, legan a la humanidad; y cuya inmediata consecuencia será la eliminación de los antiguos ideogramas y la consiguiente introducción de la economía y el pragmatismo lingüístico. Los textos griegos que versarán específicamente sobre aspectos concretos de la lengua; y se lleva a cabo el perfeccionamiento del alfabeto de manera que el nombre de una letra repita el sonido que representa: alfabeto, palabra formada con las dos primeras letras griegas "alfa" y "beta"; y que también equivale al abecedario, término proveniente de las letras "a", "b", "c" y "d". No obstante, los griegos se preguntan, sobre todo, por el origen y la naturaleza del lenguaje. Así, dos grandes pensadores griegos expondrán sus puntos de vista opuestos: Platón, por un lado, defiende la adecuación natural entre la palabra y el objeto por ella designado; mientras que Aristóteles, por el contrario, es firme partidario de la inadecuación entre la palabra y el objeto que ésta designa: Pero, eso sí, con que una vez algo haya sido puesto por escrito, las palabras ruedan por doquier, igual entre los entendidos que como entre aquellos a los que no les importa en absoluto, sin saber distinguir a quiénes conviene hablar y a quiénes no. Y si son maltratadas o vituperadas injustamente necesitan siempre la ayuda del padre, ya que ellas solas no son capaces de defenderse ni de ayudarse a sí mismas. (Fragmento del Fedro, de Platón; citado por Emilio Lledó en su obra "El surco del tiempo"). La aportación de los árabes a la lengua tendrá connotaciones religiosas derivadas de la obligación de recitar correctamente el Corán. La peculiaridad de la escritura árabe es que carece de vocales, aunque oralmente si se pronuncian. La época medieval destaca por sus reflexiones lingüísticas, y por el empleo de la lengua en el desvelamiento de las especulaciones filosóficas: -Gramática especulativa. Surge en el medievo el nominalismo: las palabras solo nombran de las cosas. La época del Renacimiento supondrá una renovación de los estudios gramaticales. La movilidad geográfica, el resurgir de nuevas nacionalidades, el auge el humanismo, el conocimiento de otras lenguas y la invención de la imprenta, son todos factores que contribuyen a la decisiva diferenciación entre letras y sonidos.

El lenguaje

El lenguaje no es una creación definitiva, ya que se encuentra en continua evolución y, en consecuencia, las lenguas no deben ser sometidas a una norma invariable y fija, a una ley válida para todas las gramáticas; puesto que lo propio de la lengua, su atractivo, es la diversidad, no ha de considerarse encomiable la postura del purista que prefiere encerrar la lengua en el cofre de las normas antes que verla libre y utilizada con soltura por los hablantes.

El dinamismo y el cambio de las ideas y del pensamiento conlleva, también, la evolución del lenguaje; y así, la denominada Gramática tradicional se convertirá en la antesala de los estudios normativos del lenguaje.

El aspecto formal y el afán por lograr la pureza de la lengua culminarán en el establecimiento de escuelas y academias que representarán un claro avance en el campo de la Gramática histórica, cuya metodología intentará clasificar las diferentes lenguas y explicar su origen común.

Origen del lenguaje

Cuando se habla del origen del lenguaje suele decirse, en primer lugar, que este asunto constituye un problema: el problema del origen del lenguaje, dicen muchos estudiosos del tema. Es bien cierto que ya los antiguos pensadores griegos se plantearon el origen del lenguaje. Y así, ya se preguntaba Platón, en su obra el Cratilo, si las palabras pueden llevarnos al conocimiento de las cosas. Y Aristóteles, que fue discípulo de Platón, aseguraba que el lenguaje era producto de una convención humana. Con el tiempo, y siguiendo el relato del Génesis, se afirmará que el lenguaje fue revelado por Dios a los hombres y mujeres que poblaban la tierra; tal sería la denominada teoría sobrenatural del lenguaje. Hoy debemos decir que el lenguaje y la sociedad humana son desarrollos paralelos (Vidal Lamíquiz). Sin embargo, hay principalmente tres teorías sobre el origen del lenguaje, a saber: Teoría del origen activo; Teoría del origen imitativo; y Teoría del origen social. Pero, dada la complejidad de las diversas lenguas, hay que concluir que sus componentes no evolucionan de modo simultáneo; y así, a la hora de producirse transformaciones y cambios en el lenguaje existirán ciertas diferencias entre vocabulario, fonética y morfología o morfosintaxis. De las transformaciones en el vocabulario, se ocuparán la semántica y la lexicología; y también la lexicografía. La semántica, recordémoslo, estudiaba la significación y la evolución de las palabras, su punto de vista era diacrónico; mientras que la lexicología se ocupaba del significado concreto de las palabras en un momento determinado, su perspectiva era sincrónica. La lexicografía, en cambio, tiene como objetivo la elaboración razonada o científica de los diccionarios; la lexicografía es, por así decirlo, el arte de componer diccionarios. El tesoro de términos léxicos que una lengua contiene está recogido en los diccionarios.

Prototipos textuales de la redacción
Narración

Narrar es contar, referir lo sucedido, o un hecho o una historia, ficticios. En sentido literario, la narración constituye uno de los principales procedimientos utilizados en obras narrativas como la novela, el cuento, la leyenda.

Ejemplo: *Un señor toma un tranvía después de que compra el diario y ponérselo bajo el brazo. Media hora más tarde, desciende con el mismo diario bajo el mismo brazo. Pero ya no es el mismo diario, ahora es un montón de hojas impresas que el señor abandona en un banco de la plaza. Apenas queda solo en el banco, el montón de hojas impresas se convierte otra vez en un diario, hasta que un muchacho lo ve, lo lee, y lo deja convertido en un montón de hojas impresas. Apenas queda solo en el banco, el montón de hojas impresas se convierte otra vez en un diario, hasta que una anciana lo encuentra, lo lee, y lo deja convertido en un montón de hojas impresas. Luego lo lleva a su casa y en el camino lo usa para lo que sirven los diarios después de estas excitantes metamorfosis.*

Descripción

Describir es representar a una persona, un lugar, un objeto por medio del lenguaje, refiriendo o explicando sus distintas partes, cualidades o circunstancias.

Ejemplo: *El cuarto era de techo bajo, con un encalado muy viejo y lleno de liquen. Enfrente de la puerta había una ventana chiquita. El lecho de la abuela era de madera oscura, ancho y largo. La cabecera estaba sobre la pared de la izquierda. Sobre la cabecera había un ramo de olivo. La abuela tenía una mecedora junto a la ventana. La mecedora tenía dos cojines muy aplastados; uno, para el respaldo, y el otro, para el asiento. En medio del cuarto había una camilla y siete arcas junto a las paredes. Las arcas eran todas distintas y de distintos tamaños.*

Exposición

Son aquellos escritos que informan, dan a conocer algo, reflejan una opinión o explican un tema.

Ejemplo: *Los bólidos, o masas de materia cósmica que se vuelven incandescentes al penetrar en la atmósfera, son bastante comunes, pero la inmensa mayoría de ellos estalla en las capas altas de la atmósfera y se desintegra mucho antes de caer a tierra. Estrictamente, sólo debería llamarse meteorito al rarísimo fragmento que sobrevive a la desintegración y llega a caer al suelo. Por el momento se desconoce si éste es el caso de alguno de los fragmentos del bólido de ayer.*

Argumentación

Argumentar es descubrir, probar, aducir, alegar, disputar, discutir, impugnar una opinión ajena.

Ejemplo: *El divorcio supone un gran avance social siempre que sea para todos, es decir, barato y fácil. De otro modo, se convierte en un privilegio, en un capricho de millonarios. No ya en un avance social sino en una burla social. El divorcio es caro en sus trámites legales, pero hasta aquí nos parece normal. Lo que sale caro es partir el cocido de una familia en dos,* partir el andamio de un albañil en dos (a lo mejor por eso se caen tantos albañiles), partir un donut para cuatro. El divorcio como expresión de libertad democrática frente a las viejas instituciones queda muy hermoso, pero el divorcio caro - me parece que no hay otro-, y con frecuencia carísimo, no supone ningún orgullo democrático; sino un privilegio más que el liberal capitalismo regala a los ricos.

Diálogo

Es una conversación entre dos o más personas, también se le llama conversacional. El diálogo es la capacidad de hablar con otro.

Ejemplo: ¡Zas!, una muchacha entró, seguida de un hombre obeso. Ojos vivos, nariz perfecta. Muy bonita. Se hacen las presentaciones. Germaine, no entendí, hija de conocido explorador extranjero.

-Mucho gusto.

-El gusto es suyo.

Nos aconsejan que salgamos a tomar un refresco.

-Encantado.

-Camina muy chic. Veinte años, no más. Entramos en el bar.

-Un "higt".

-Ídem.

Me mira, sonriendo cortésmente. Por supuesto, trata de aquilatarme.

- ¿Pasé?

- ¿Cómo?

-Que si pasé el examen. Sonríe.

-Sí.

- ¿Con qué calificación?

-Mínima aprobatoria -riendo.

-Ajá

Ejercicio 9

Redacta un texto de cada prototipo textual empleando los principios y propiedades textuales sobre las siguientes temáticas: Estilos de vida saludable, arte en tu país, diversidad cultural, pueblos indígenas e incorporación de las personas con discapacidad en las aulas del sistema educativo.

Ejercicio 10

Lee el siguiente texto y contesta la pregunta

A lo mejor esta pregunta muchos se la han formulado, y existen personas que consideran el acento como un adorno innecesario en las palabras.

Para no caer en explicaciones extensas referidas a este aspecto, simplemente lean los siguientes ejemplos:

-El callo molesto.

-El callo molestó.

-Él calló molesto.

-Ceno, bailo y lo mato.

-Cenó, bailó y lo mató.

Pregunta

¿Por qué es importante acentuar correctamente las palabras?

Reglas de la acentuación

La ortografía es la rama de la gramática que se ocupa de la escritura correcta. Por convencionales que resulten las reglas que regulan la ortografía. Se llama acento a la mayor fuerza o intensidad con que pronunciamos una sílaba dentro de una palabra.

Existen tres tipos de acento

-Prosódico: Solamente se pronuncia y no lleva marca visible sobre la silaba acentuada o sílaba tónica.

Ej.: Barco.

-Diacrítico: También se expresa con una tilde y su función es diferenciar el uso de palabras que tengan igual escritura.

Ej.: A las cinco de la tarde tomaremos el té. (sustantivo: bebida).

Ej.: Te aseguro que yo no he dicho nada. (pronombre).

-Ortográfico: Se representa por medio de un signo o tilde (') sobre la sílaba tónica.

Ej.: Ortográfico.

Clasificación de las palabras según su acento. Tabla.

AGUDAS	GRAVES O LLANAS	ESDRÚJULAS	SOBREESDRÚJULAS
Son aquellas que tienen el acento prosódico en la última sílaba.	Son aquellas que tienen el acento prosódico en la penúltima sílaba.	Son aquellas que tienen el acento prosódico en la antepenúltima sílaba.	Son aquellas que tienen el acento prosódico en una sílaba anterior a la antepenúltima sílaba.
Tam-BIÉN	*TRÉ-bol*	*ÁS-pe-ra*	*CÓ-me-te-lo*
Se acentúan cuando terminan en vocal, o en n o s.	Se acentúan cuando terminan en consonante que no sea 'n', 's' y vocal.	Se acentúan todas.	Se acentúan todas.
ja -más	**már**-mol	ca-**tó**-li-co	**dí**-ga-me-lo
se-gún	**ár**-bol	pro-**pó**-si-to	per-**mí**- ta-se- me
a-de-más	**án**-gel	**éx**-ta-sis	

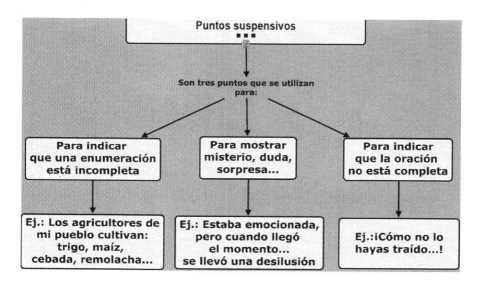

Ejercicio 11

Clasifica las siguientes palabras en agudas, llanas o graves, esdrújulas o sobreesdrújulas y escribe las tildes que faltan en los siguientes textos.

Reloj, safari, cántaro, pelícano, cristal, prepáranoslos, cárcel, grave, política, melón, amar, inválido, café, revólver, ordenador, filósofo, difícil, peleábamos, cómpratelo, canta.

Agudas	Llanas	Esdrújulas	Sobreesdrújulas

Ejercicio 12

Crea una composición relacionada con las distintas maneras de concebir el mundo de los diversos grupos culturales, presentes en el país. En la que intencionalmente utilices palabras que se acentúen. Señala su tipo de acento.

Reglas para el uso de las grafías

Grafía: **B**

Reglas:

-Antes de l, r, m: Blanco, libro y tumba.

-Las partículas bi, bis, biz: Bicéfalo, bisílaba y biznieto.

-Todas las palabras que comienzan con bibli: Bibliofilia y bibliomanía.

-Por regla general bu, bur y bus: Burla, burbuja y busto. EXCEPTO: Vulgo, volcar, volar, volver, vulcano y vulnerar.

-Después de cu, ha, he, hi, ho y hu: cubano, habana, hebilla, hibernación, hobachón y hubo.

-Las terminaciones ble y bilidad: Adaptable y posibilidad.

-Las terminaciones bunda y bundo: Moribunda y furibundo.

-Las partículas bene, bien y bon: Beneficio, bienaventurado y bondad.

-Las partículas ab, abs, ob, obs y sub: Obsceno, obtener, subconsciente. EXCEPTO: Ovación, ovario, oveja, oval.

-Las palabras que comienzan bio: Biosistema y biometría.

Grafía: **V**

Reglas:

-Después de B, D, N: Adverbio, desenvolver, obvio e inverso.

-En el Presente del Indicativo y sus derivados: El Presente del Subjuntivo y el imperativo del verbo ir: voy, vaya.

-En las desinencias del Pretérito Indefinido, y del Pretérito Imperfecto y Futuro Imperfecto del Subjuntivo, de los verbos: Estar, andar y tener (y sus compuestos y derivados): Estuve, estuviera o estuviese.

-Después de las sílabas lla, lle, llo, llu: llave, llevar, llover, lluvia, llamar, llegar y llovizna.

-En los adjetivos terminados en ava, ave, eve, evo, iva: esclava, suave, breve, nuevo y esquiva.

EXCEPTO: árabe y los derivados del sustantivo sílaba.

-En las palabras terminadas en viro, vira, ívoro, ívora: herbívoro, Carnívora y Omnívoro.

EXCEPTO: Víbora.

-En las palabras que comienzan con equiv- y clav: equivocar, equivalente, clavicordio y clavelina.

Grafía: **S**

Reglas:

-Las palabras que terminan en ense, referente a los gentilicios: nicaragüense, costarricense, canadiense, veragüense, colonense.

-Las terminaciones sivo, siva: Corrosivo, masiva, explosivo, expresiva, intensivo.

-Las palabras terminadas en sión, cuando proceden de palabras terminadas en so, sor, sivo: Comprensión, comprensivo, persuasión, persuasivo, represión, represivo, previsión, previsor, precisión y preciso.

-Las palabras terminadas en los superlativos isimo, isima: Bellísima, lindísimo, feísima, inteligentísima, delicadísima.

-Se escriben con S, las palabras terminadas en oso, osa: Bondadoso, sabrosa, dadivoso, perezosa, maravilloso, grandioso.

-Se escriben con S, las palabras terminadas en ismo: Espiritismo, oscurantismo, atletismo, altruismo, vanguardismo.

-Se escriben con S, las palabras terminadas en esca, esco: Grotesca, dantesca, burlesco, gigantesco, pintoresco.

-La terminación, ese del verbo auxiliar haber, pretérito pluscuamperfecto, modo subjuntivo: Hubiese amado, hubiese nadado, hubiese temido.

-Las terminaciones, esta, esto, ista: Feminista, violinista, tiesto, fiesta artista.

-La terminación, se de todos los verbos del pretérito imperfecto, del modo subjuntivo: Partiese, amase, cumpliese, subiese, temiese.

-Las terminaciones, ersa, erse, erso: Atreverse, adversa, converso, inverso, embellecerse, perversa.

Grafía: **C**

Reglas:

verbos terminados en cir y ducir: Conducir, aducir, traducir, esparcir, producir, relucir, zurcir, decir.

EXCEPTO: Asir.

-Las palabras terminadas en ancia, ancio, encía: Constancia, excelencia, extravagancia, cansancio, decadencia, indulgencia, fragancia, conciencia, distancia.

EXCEPTO: ansia, Hortensia.

-Las palabras terminadas en ción, afines a to, tor, dar: Composición, compositor, bendición - bendito, rotación-rotador, atribución-atributo, sensación-sensato, admiración-admirador, distribución-distribuidor.

-Los diminutivos: Cito, ecito, ecillo, si proceden de palabras sin S final: Pez - pececito, dulce - dulcecito, pie - piececito, flor - florecita, mamá - mamacita.

-Los sufijos cida, cido, cidio: Homicida, parricida, amanecido, aparecida, establecido, infanticida, genocidio.

-Las palabras terminadas en cimiento: Agradecimiento, padecimiento, restablecimiento, nacimiento, establecimiento, enriquecimiento, yacimiento.

-Los verbos terminados en cer. Nacer, yacer, hacer, adolecer, agradecer, retorcer, estremecer.

EXCEPTO: Toser, coser, ser.

-Los verbos terminados en ciar: Apreciar, acariciar, neciar, vaciar, negociar, viciar.

EXCEPTO: lisiar, ansiar, extasiar, anestesiar.

-Las palabras terminadas en acia, icia, icie, icio: Fenicio, planicie, bullicio, pericia, codicia, malicia, falacia.

EXCEPTO: Dionisio, gimnasio, Asia, anastasia, alisio, eutanasia.

-La terminación ces que surge del plural de las palabras que contienen z: Maíz-maíces, raíz-raíces, pez-peces, rapaz-rapaces, atroz-atroces.

-Las formas de los verbos terminados en ceder, cender, cibir, citar, siempre que no proceda de raíces que lleven S: Conceder, encender, recitar, recibir, anteceder, percibir.

-Los verbos terminados en zar ante la vocal "e" cambian a "c": Analizar-analice, avergonzar-avergüence, canalizar-canalice, utilizar-utilice.

Grafía: **Z**

Reglas:

-Las palabras terminadas en anza/o y azgo: Adivinanza, mudanza, panza, hallazgo, danza, alabanza, almirantazgo.

EXCEPTO: Gansa/o, mansa/o.

-Las terminaciones ez, eza, az, oz, de los nombres abstractos: Belleza, voraz, pereza, fugaz, rigidez, atroz, palidez, paz, torpeza, rapaz, timidez, eficaz.

-Las terminaciones azo, aza que denotan aumento, golpe: Manaza, carrazo, ojazos, codazo, portazo, mujeraza.

-Las terminaciones iz, ez, oz, az, de los nombres patronímicos: Rodríguez, Ruiz, Sánchez, Muñoz, Ramírez, Ortiz, Villalaz.

-Las terminaciones zuela, zuelo, que denotan disminución o desprecio: Mujerzuela, ladronzuelo, portezuela, jovenzuelo.

-Algunos verbos en infinitivo terminados en zar y sus conjugaciones delante de las vocales a, o: Analizar-analizo / a, paralizar-paralizo / a, aterrorizar-aterrorizo / a, canalizar-canalizo / a.

-Las palabras terminadas en izo, iza: Mestiza, cobrizo, plomizo, movediza, enfermiza.

Grafía: **X**

Reglas:

Los compuestos con las preposiciones latinas ex, extra: Extravagante, extraordinario, exdirector, expresidente, exalcalde, exalumno.

-Cuando percibimos el sonido cs o gs: Sexo, conexión, próximo, oxígeno, exacto, axioma.

EXCEPTO: facsímil, fucsina, fucsia.

-Cuando tengamos este sonido seguido de h o vocal: Exhalar, exasperar, exhausto, exhortar, exhumar, exigente, exuberante.

-Delante de las silabas pla, ple, pli, plo, pre, pri, pro: Explanada, explosivo, explicación, explorador, expreso, expropiar.

-El prefijo hexa que significa seis: Hexágono, hexagonal, hexámetro, hexasílaba, hexapétalo, hexaedro.

Homófonos de las grafías
Grafía **B** y **V**:
Homófonos:
Acerbo: Áspero, cruel, riguroso.
Acervo: Montón, conjunto de cosas.
Baca: Parte superior de un carruaje, destinada a los equipajes.
Vaca: Hembra del toro.
Bacante: Sacerdotisa de Baco.
Vacante: Empleo o cargo no ocupado.
Bacía: Vasija que utilizaban los barberos para remojar la barba.
Vacía: Desocupada, sin contenido.
Bacilo: Bacteria.
Vacilo: De vacilar, titubear.
¡Bah¡: Interjección que denota desdén.
Va: De ir.
Balsa: Embarcación plana.
Valsa: De valsar, bailar valses.
Baqueta: Varilla para limpiar armas.

Vaqueta: Piel curtida de vaca.

Bario: Metal blanco, difícil de fundir.

Vario: Diverso.

Barón: Título nobiliario.

Varón: Persona del sexo masculino.

Basta: De bastar, ordinaria.

Vasta. Extensa, amplia.

Baya: Fruto de algunas plantas.

Valla: Cerco o vallado.

Vaya: De ir.

Bello: Hermoso.

Vello: Pelo suave que cubre el cuerpo.

Bidente: Azadón de dos dientes.

Vidente: Profeta.

Bienes: Caudal, fortuna.

Vienes: De venir.

Billar: Juego de salón.

Villar: Pueblo pequeño.

Botar: Arrojar.

Votar: Emitir el voto.

Cabe: De caber.

Cave: De cavar.

Rebelar: Levantar contra la autoridad.

Revelar: Descubrir, decir un secreto.

Tuvo: De tener.

Tubo: Cilindro hueco.

Grafía **S** y **C**:

Homófonos:

Acechar: Aguardar cautelosamente.

Asechar: Poner trampas.

Bracero: Peón, jornalero.

Brasero: Recipiente metálico para lumbre.

Cauce: Conducto por el que corre agua.

Cause: De causar.

Cebo: Alimento para engordar, trampa.

Sebo: Grasa de ciertos animales.

Cegar: Perder la vista.

Segar: Cortar la hierba.

Censual: Relativo al censo.

Sensual: Propio de los sentidos.

Cepa: Tronco de la vid.

Sepa: De saber.

Cerio: Metal.

Serio: Grave, importante.

Cerrar: Clausurar.

Serrar: Cortar con sierra.

Cesión: Acto de ceder.

Sesión: Junta, reunión.

Ceso: De cesar.

Seso: Cerebro.

Cien: Ciento.

Sien: Parte lateral de la frente.

Ciervo: Rumiante de cuernos rameados.

Siervo: Persona sujeta a servidumbre.

Cima: La parte más alta de una montaña o de un árbol.

Sima: Hoyo profundo, abismos.

Cito: De citar.

Sito: Situado.

Cocer: Preparar alimentos.

Coser: Unir con hilos pedazos de tela u otra materia.

Incipiente: Que comienza, principiante.

Insipiente: Que no sabe, ignorante.

Intención: Propósito.

Intensión: Intensidad.

Meces: De mecer.

Meses: Plural de mes.

Peces: Plural de pez.

Peses: De pesar, tener peso

Reces: De rezar.

Reses: Cabeza de ganado.

Reciente: Acabado de hacer de suceder.

Resiente: De resentir, mostrar enojo.

Grafía **Z:**

Homófonos:

Abrasar: Quemar.

Abrazar: Ceñir con los brazos.

As: En los naipes.

Has: De haber.

Haz: He hacer.

Asar: Someter un manjar al fuego.

Azar: Casualidad.

Beso: Acto de besar.

Bezo: Labio grueso.

Casa: Vivienda.

Caza: Acción de cazar.

Caso: Suceso, ocasión.

Cazo: Utensilio de concina.

Encausar: Enjuiciar.

Encauzar: Dar cauce, encaminar.

Laso: Flojo.

Lazo: Nudo de cintas.

Losa: Baldosa, lápida.

Loza: Barro cocido y barnizado.

    Masa: Mezcla de materia pulverizada.

    Maza: Arma antigua.

Mesa: Mueble.

Meza: De mecer.

    Seta: Hongo.

    Zeta: Última letra del abecedario.

Sueco: De Suecia.

Zueco: Calzado de madera.

Grafía **X**:

Homófonos:

Cesto: Canasto de mimbre.

Sexto: Que sigue inmediatamente en orden al quinto.

    Contesto: De contestar.

    Contexto: Lugar.

Espirar: Exhalar. Expirar: Morir.

    Esotérico: Oculto, misterioso.

    Exotérico: Común, público.

Espiar: Observar con cautela.

Expiar: Sufrir la pena de un delito.

    Laso: Cansado. Lazo: Suelto, flojo.

Testo: De testar, hacer testamento.

Texto: Contenido de un libro.

Ejercicio 13

Lee el siguiente texto e identifica las palabras con las grafías: b, v, s, c, z y x y posteriormente las escribes en el cuaderno en forma de lista y a un lado de las palabras escribe la regla que le corresponde.

Te vi, pero no sé dónde. Anónimo (Fragmento)

Te vi, pero no sé dónde. Quizás fue en medio de una gran fiesta, en el interior de un gran tumulto de gente, como un eslabón más de una larga cadena. Excepto para mí. Como la esmeralda que reposa en el lecho de un río, la cual se mantiene tranquila y apacible hasta que un recolector *la ve entre cientos, quizás miles de cantos que reposan junto a ella. Recogiéndola para tallarla, pulirla y engarzarla para formar la joya más preciada. Un día subí al monte más alto, solo y solitario* sin nada a mi alrededor. Creí oír tu voz. Un susurro *dulce y melancólico, que atrapaba mis pensamientos. Fijándolos en una cautiva y única reflexión. Apreciando la inmensa soledad por no encontrarte junto a mí. El no poder observar el vuelo de tus cabellos oscilando por la leve brisa que en este lugar se ofrecía sin pedir nada a cambio. Contemplar como el sol ilumina tus mejillas, acariciándolas y sonrojándolas con sus rallos. El no poder mecer tus labios con la yema de mis dedos. Saborear las mieles que de ellos se derraman, dulces y sanadoras. Tan solo comparables con el néctar de los dioses. Ordenando mis viejas fotos encontré un retrato en blanco y negro. Estaba formado por un grupo de escolares en el patio del colegio. Todos estaban uniformados y bien peinados. Estabas en una esquina del grupo, mostrando tu carita risueña e infantil. Me vienen a la cabeza multitud de recuerdos de la niñez. Como dos niños inocentes y traviesos jugaban en el patio del colegio sin ningún tipo de pudor. Cuando él podía hablar con ella sin que un rayo cayera y le fulminase el corazón. Podía mirarla a los ojos sin quedar encantado por su mirada cálida y profunda. Coger su mano al jugar sin temor a quedar cautivo por la dulzura de su piel. Entre estas antiguas fotos encontré un pañuelo doblado.*

Comienzo a recordar levemente la fragancia del perfume con el que fue impregnado. Sentados en aquel banco de madera al pie de un gran roble, una tarde luminosa de otoño. Nos cogimos las manos y sucedió lo inesperado. Hoy descubrí mi amor por ti.

Ejercicio 14

Redacta dos oraciones con los homófonos b, v, c, s, z, y x. Posteriormente realiza un texto donde utilices los homófonos.

Ejercicio 15

Lee el siguiente texto y contesta la pregunta

Los textos personales, narran y describen lo cotidiano y lo trascendente de cada quien. Hablan de los sucesos del aquí y del ahora; así como del pasado o de proyecciones del futuro, a partir de emociones y experiencias íntimas con uso de registros o variaciones del lenguaje condicionadas por la situación comunicativa. Estas acciones de narrar, describir y hablar en forma emotiva, ayudan a confrontar realidades propias y a poner en orden situaciones de la vida diaria. Entre los textos personales existen los diarios, las memorias, las autobiografías, los cuadernos de viaje, las cartas, los mensajes electrónicos, las agendas, las bitácoras y las notas de clase entre otras.

Pregunta

¿Por qué es importante escribir textos personales?

Paradojas, coloquios y diálogos

Paradoja

De entre las paradojas semánticas más conocidas destacaremos las siguientes: Paradoja del mentiroso. La paradoja del mentiroso aparece ya enunciada y expuesta hace más de dos mil años y, desde entonces acá, ha sufrido diversas modificaciones; en consecuencia, actualmente, se conocen tres versiones distintas, a saber: Supongamos que una persona dice: "Yo miento". Argumentación: Si la expresión Yo miento es verdadera, entonces la persona que la dice no miente y, por consiguiente, Yo miento será una afirmación falsa. Pero, si la expresión Yo miento es falsa, entonces la persona que la dice miente, por lo que la frase Yo miento será verdadera. Imaginemos que una persona afirma lo siguiente: "Lo que digo no es verdad". Argumentación: Si la frase Lo que digo no es verdad es verdadera, entonces Lo que digo no es verdad es una expresión falsa. Pero, si la frase Lo que digo no es verdad es falsa, entonces Lo que digo no es verdad es una expresión verdadera. Es la debida al pensador cretense Epiménides, por eso se la conoce con el nombre de paradoja de Epiménides o paradoja de El cretense. En esta paradoja, Epiménides, que es cretense, dice lo siguiente: Todos los cretenses mienten. Argumentación: Si la afirmación Todos los cretenses mienten es verdadera, entonces Epiménides, que es cretense, es un mentiroso; por consiguiente, la expresión Todos los cretenses mienten será falsa. Pero, si la expresión Todos los cretenses mienten es falsa, entonces no todos los cretenses son mentirosos y, en consecuencia, Epiménides, que es cretense, puede que no sea mentiroso; por consiguiente, la expresión Todos los cretenses mienten puede ser verdadera.

Coloquio y diálogo

Mediante el coloquio y el diálogo, el hablante puede transmitir sus ideas y comunicar cualesquiera mensajes al receptor. Y también, quienes participan en un coloquio, pueden compartir sus pensamientos, discrepar, coincidir y, en suma, conocer a los restantes interlocutores. Desde este punto de vista, el coloquio ha sido considerado como un método eficaz para la práctica de la tolerancia y como una escuela del comportamiento. Se ha hablado del concepto comunicación y frecuentemente se ha descrito su significado concreto: esquema de la comunicación, teoría de la comunicación, finalidad de la comunicación, comunicación por medio del coloquio. En este caso, vamos a ocuparnos precisamente de llenar de contenido este último enunciado que hemos titulado comunicación por medio del coloquio. En un primer acercamiento, diremos que el coloquio es una garantía de comunicación, pues el término coloquio equivale a conversar y conferenciar. El diccionario de la Real Academia define el coloquio, en su primera acepción, como la conferencia o plática entre dos o más personas; y en su segunda acepción, considera al coloquio como una composición literaria, prosaica o poética, en forma de diálogo. La comunicación mediante el coloquio exige unos determinados supuestos o requisitos previos. En primer lugar, como ya ha quedado dicho, y más concretamente al hablar del origen del lenguaje, precisamente fue gracias a la comunicación por lo que surgió el mensaje. Luego, en definitiva, el fin principal del lenguaje no es otro más que la comunicación, y para que haya comunicación es necesario que se lleve a cabo la emisión de un mensaje y que, a su vez, ese mensaje sea recibido por un interlocutor distinto de quien ha enviado el mensaje. En consecuencia, el coloquio surge de la combinación entre el mensaje que envía el hablante al oyente y la respuesta que el receptor se verá obligado a elaborar para replicar a su interlocutor. Por consiguiente, habrá coloquio cuando haya transmisión de un mensaje y siempre que dicho mensaje esté cargado de contenido; pues, podría suceder que un interlocutor emitiera palabras sin sentido, esto es, con significado ambiguo o ininteligibles, con lo cual no se cumpliría el principal requisito de la comunicación que consiste en la transmisión de mensajes; pero, como es obvio, sin contenido no hay mensaje. Y esto es así porque una de las características primordiales del mensaje es su efectividad; y la efectividad queda demostrada exclusivamente cuando el receptor haya comprendido o captado el mensaje enviado por el emisor. Y así, el esquema universal que ilustra la estructura simplísima del coloquio, y que mostrará esta interacción necesaria entre mensaje y comunicación, lo cual hará posible que se lleve a cabo un verdadero coloquio, sería como sigue: Emisión + Recepción + Réplica = Coloquio.

Conforme a todo lo anterior, podemos afirmar que entre hablante y oyente debe establecerse una comunicación mutua a fin de que el coloquio funcione, lo cual sólo es posible si se cumplen los tres estadios del citado esquema universal, esto es, que el hablante emita un mensaje que debe ser captado y comprendido por el oyente quien, a su vez, responderá y argumentará como lo considere conveniente y, de este modo, ya puede afirmarse que se produce la réplica; con lo que, definitivamente, se cerrará el círculo y se desarrollará el coloquio.

Además del mensaje y de la efectividad inherentes al coloquio, y teniendo presente que para su funcionamiento es necesario que se lleve a la práctica el esquema universal indicado anteriormente, conviene también enumerar los tres elementos principales del coloquio, a saber: interlocutores, situación y contexto.

Interlocutores

Puesto que en el coloquio se usa la lengua como herramienta de comunicación y, como ya hemos indicado en otras ocasiones, la lengua es un sistema de signos, resultará que, para que se efectúe la comunicación por medio del coloquio es necesario que los interlocutores manejen y usen el mismo código. Los interlocutores no cuentan únicamente con este código estrictamente lingüístico, sino que también pueden recurrir a otras formas de comunicación calificadas por los estudiosos del lenguaje como circunstancias extralingüísticas, a las que pertenecerían, por ejemplo, cualquier clase de ademán, gesto o amago mímico, etcétera. No obstante, lo propio es que los interlocutores sean personas y, como tal, proyecten en el coloquio su modo de ser y su actitud. De ahí que los interlocutores, cuando participan en el coloquio como emisores, lo hagan en primera persona; y cuando participan en el coloquio como receptores, lo hacen utilizando la segunda persona.

De este modo, en el coloquio se fomentarán el diálogo y la convivencia. Y las personas que participan en el coloquio se enfrentarán, como interlocutores que son, por medio del diálogo:

En un posible léxico coloquial sería forzoso registrar los modismos, las fórmulas de cortesía, los juramentos y términos de bendición o maldición.

La entonación y el ritmo de la prosa hablada serían otro elemento determinante del diálogo.

Los diálogos deben ser auténticos, no inventados o supuestos.

La invención sería contraproducente, por muy verídica que la suponga.

La situación

Como todos sabemos, el coloquio siempre se realiza en un determinado lugar, esto es, dentro de un contorno que les resulta familiar a los interlocutores o que, por el contrario, ni siquiera conocen: La situación incluye el contorno físico siempre que influya en el coloquio, las incidencias de la acción que se desarrolla al alcance de los interlocutores y siempre que influyan en el diálogo, (cuando hablamos y pasa un amigo haciéndonos cambiar el tema de la conversación). También hay que contar con un contorno conocido por los interlocutores, aunque no sea inmediatamente percibido por ellos.

(Si hablamos en una casa de Madrid, la idea de estar en esa población, es decir, Madrid, actúa en el coloquio, aunque en realidad no la vemos).

La situación es importante, ya que no sólo están en ella los interlocutores sino también los objetos que a menudo sirven de referencia o contexto situacional.

Textos personales

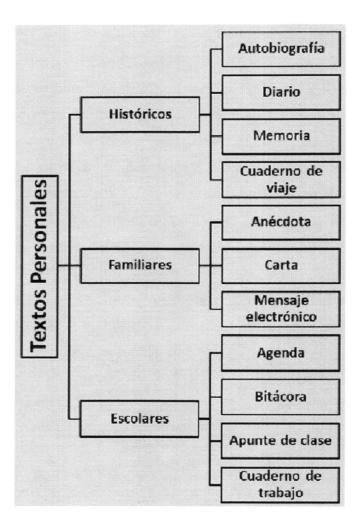

Ejercicio 16

Redacta un mensaje relacionado con la equidad de género donde utilices las funciones apelativa y emotiva del lenguaje. Subráyalo.

Características externas e internas
de los textos personales

Características externas

-Esquema de presentación: A simple vista y por su estructura nos permite distinguir si se trata de un apunte, carta, etc. Y saber si van dirigidos a otra persona o si son de uso propio.

-Organización de contenidos: Es muy variable dependiendo del tipo de

texto de que se trate.

Características internas

-Subjetividad: Refleja la manera de pensar y sentir del emisor.

-Léxico coloquial: Es cotidiano y predominan las connotaciones.

-Sintaxis: Simple, sencilla, a veces rompe con la estructura gramatical.

-Contexto: Determinado por el lugar donde se ubica el mensaje, y el ambiente cultural del emisor.

-Modo discursivo: Puede ser enunciativo, interrogativo, exclamativo, imperativo, etc.

-Prototipo textual: Narrativo, descriptivo, argumentativo, expositivo y diálogo.

Ejercicio 17

*Identifica en el texto las características
externas e internas*

Fragmentos del Diario de Ana Frank
20 de junio de 1942

Mi padre tenía ya treinta y seis años cuando se casó con mi madre, que tenía veinticinco. Mi hermana Margot nació en 1926, en Frankfort del Meno. Y yo el 12 de junio de 1929. Siendo judíos cien por ciento, emigramos a Holanda en 1933, donde mi padre fue nombrado director de la Travis N.V., firma asociada con Kolen & Cía., de Ámsterdam. El mismo edificio albergaba a las sociedades, de las que mi padre era accionista. Desde luego, la vida no estaba exenta de emociones para nosotros, pues el resto de nuestra familia se hallaba todavía defendiéndose de las medidas hitlerianas contra los judíos. A raíz de las persecuciones de 1938, mis dos tíos maternos huyeron y llegaron sanos y salvos a los Estados Unidos. Mi abuela, entonces de setenta y tres años se reunió con nosotros. Después de 1940 nuestra buena época iba a terminar rápidamente: ante todo la guerra, la capitulación, y la invasión de los alemanes llevándonos a la miseria. Disposición tras disposición contra los judíos. Los judíos eran obligados a llevar la estrella, a ceder sus bicicletas. Prohibición de los judíos de subir a un tranvía, de conducir un coche. Obligación para los judíos de hacer sus compras exclusivamente en los establecimientos marcados con el letrero de "negocio judío", y de quince a diecisiete horas solamente. Prohibición para los judíos de salir después de las ocho de la noche, ni siquiera a sus jardines, o aun de permanecer en casa de sus amigos. Prohibición para los judíos de ejercitarse en todo deporte público: prohibido el acceso a la piscina, a la cancha de tenis y de hockey o a otros lugares de entrenamiento. Prohibición para los judíos de frecuentar a los cristianos. Obligación para los judíos de ir a escuelas judías, y muchas otras restricciones semejantes.

Ejercicio 18

Redacta un texto personal dirigido a una persona o un grupo que ha sido víctima de discriminación. Utilizando las funciones: Apelativa y emotiva de la lengua.

Componentes de los textos personales

Textos históricos

Son textos confesionales, sinceros, íntimos, que reflejan la intención de dar una visión de la realidad.

-Autobiografía: Es un escrito que tiene como intención comunicar aspectos importantes de la vida de quien escribe. El elemento tiempo es fundamental, ya que es un relato retrospectivo que se basa en recuerdos de los padres, de la infancia, etc.

-Diario: Escrito íntimo, muchas veces secreto. Se narran los acontecimientos que el autor considera importantes de su vida cotidiana.

-Memoria: Es un escrito muy cercano a la autobiografía porque está formado por una cadena de recuerdos personales, organizados en forma cronológica o temporal.

Sin embargo; aquí hay una recreación o renovación de estos hechos a lo largo del recuerdo.

-Cuaderno de viaje: Es un escrito donde se anotan informaciones importantes del recorrido de una travesía. El tiempo, los lugares y los hechos sobresalientes marcan al viajero y determinan las etapas del escrito.

Textos familiares

Son relatos y descripciones de trozos de vida de quien escribe.

-Anécdota: Es un hecho breve, deferente o único, digno de relatarse por ser singular.

-Carta: Es un escrito entrañable, cuyo propósito es comunicarse libre y sinceramente con otra persona para vaciar el pensamiento y la emoción en unas cuantas líneas que conectan al autor y al lector.

-Correo electrónico: Es un texto personal que cumple las funciones de la carta tradicional pero las variantes que ofrece la computación. Puede dirigirse a una persona o a un grupo.

Textos escolares

Son anotaciones individuales de información y ejercicios que complementan prácticas educativas.

-Agenda: Es un organizador de las actividades en tiempos específicos. En Este caso, nos referimos a agendas escolares donde se anotan trabajos extra clase, fechas de evaluaciones, actividades de equipo, información de celebraciones, vacaciones, etc.

-Bitácora: Escrito donde se anotan las actividades realizadas en clase, las dudas y los problemas surgidos durante la misma, y las soluciones aportadas por el profesor y los alumnos, individual y colectivamente.

-Apuntes de clase: Es un escrito, un esquema o un dibujo con información subjetiva y objetiva, resultado del aprendizaje de una clase.

-Cuaderno de trabajo: En el cuaderno de trabajo se anotan los enunciados y las soluciones de los ejercicios y las diferentes actividades que se realizan tanto clase como fuera de ella. Se puede utilizar un cuaderno de trabajo para cada asignatura.

Ejercicio 19

*Redacta por lo menos cinco de los textos personales
(históricos, familiares y escolares)*

Ejercicio 20

*Luego de leerlo agrega la puntuación que consideres
correcta y responde las preguntas finales*

El siguiente ejemplo muestra esto. Se trata de un joven
poeta que envió una declaración de amor a tres chicas,
y no colocó ningún signo de puntuación.

> *Tres bellas que bellas son*
>
> *me han exigido las tres*
>
> *que diga de ellas cual es*
>
> *la que ama mi corazón*
>
> *Si obedecer es razón*
>
> *Digo que amo a Soledad*
>
> *No a Julia cuya bondad*
>
> *Persona humana no tiene*
>
> *No aspira mi amor a Irene*
>
> *Que no es poca su beldad*

Preguntas

¿Qué proporciona la lectura con y sin signos de
puntuación?

¿Por qué es importante utilizar correctamente los
signos de puntuación?

Uso correcto de la puntuación

Los signos de puntuación son muy importantes al escribir. A través de ellos damos la entonación adecuada según la intención de lo que escribimos. Además, estos signos establecen las pautas para poder leer y entender con claridad lo que otros han escrito. El uso incorrecto de comas, puntos, puntos y comas, comillas, guiones, etc., pueden crear dudas o errores lamentables.

Signos de puntuación
Coma (,)
Señala en la escritura una pausa corta:
-Al enumerar para separar elementos: Enero, febrero, marzo, abril.
-Al utilizar hipérbaton (construcción indirecta), en lugar de la construcción sujeto-verbo-complementos (construcción directa): Diariamente, Ana lee un poema.
-Al agregar frases para complementar o para explicar: Roma, la ciudad de las iglesias, es la Capital de Italia.
-Para insertar una idea subordinada: Olvidé el libro, el que tú me prestaste, en el metro.

-Para eliminar un verbo: Escribe una carta, y además, un poema.

Punto y coma (;)

Señala una pausa mayor o intermedia:

-Para separar ideas: La música de rock es la más escuchada por los jóvenes; algunos refieren el rock pesado, otros de los años sesenta.

-Antes de las conjunciones adversativas: Te amo mucho, mucho; pero no digas.

-Al terminar una oración larga, para enumerar ideas no enlazadas con nexos: Las normas jurídicas expresan la voluntad del pueblo, el cual detenta la soberanía; reconoce derechos y obligaciones del gobernado; y crean y organizan al Estado mediante la regulación del poder y de su ejercicio.

Punto (.)

Señala una pausa mayor al final del enunciado:

-Para indicarnos que ya finalizamos un tema o un subtema y cambiaremos a otro aspecto. Al separar o al enunciar ideas completas: Entonces María la cargó y la hizo sentarse a un lado de la tortuga. Agárrala muy fuerte le dijo, mientras ella misma la sujetaba.

Ejercicio 21

Agrega la puntuación de los siguientes textos

1. No creo que los hombres deban tener miedo de dar la vida por la libertad, por la justicia por el bien Pienso que deben tener mil veces más miedo a vivir cobardemente la historia nos da innumerables testimonios de esta verdad.

2. La risa es la sal de la vida Generalmente los hombres risueños son sanos de corazón La risa de un niño es como la música de infancia la alegría inocente se desborda en una catarata cristalina que brota en plena garganta.

3. Tú amas la selva sus peligros sus sorpresas su misterio asimismo las fierezas del sol ardiente y su sombra en la floresta tupida Yo en cambio amo el campo libre donde apenas hay árboles y los ojos pueden perderse suavemente en el infinito.

4. Cuando el escrito Ernest Hemingway estuvo en París por primera vez le preguntaron qué impresión le había causado la bella capital La respuesta fue esta

Francamente me ha desilusionado mucho no se parece nada al París que yo describo en mis libros.

5. Me voy quiero andar cubrirme de luz bajo el sol benigno anhelo llevar pegada a mis sandalias tierra oscura y esponjosa luego asomarse al pozo y ver su fondo que copia el cielo como un alma inocente pura humilde silenciosa.

6. Los profesores les decimos constantemente a ustedes que adquieran responsabilidad no malgasten su tiempo que picureen ser cada día mejores es cierto necesitan tomar conciencia de todo esto.

7. No tengo que hacer ningún sentimiento en el pecho He abierto mis ventanas y mis puertas de par en par entran olores jóvenes que aspiro hasta el fondo de mis entrañas.

8. Los estudiantes que estaban en el patio echaron a correr al sentir el temblor los que estaban en las aulas salieron al patio el profesor se mantuvo sereno y trató de calmar a los más nerviosos.

Reglas ortográficas de las grafías: G, J y H

Grafía **G**:

Reglas:

Las palabras que comienzan con gem (gemido), gen (gentío), geo (geólogo) y gest (gesto).

-Todas las formas de los verbos cuyo infinitivo termina en ger (proteger), gir (elegir), gerar (exagerar), giar (presagiar) y sus derivados y compuestos, salvo las que llevan ja (proteja) y jo (exijo), y excepto los verbos tejer y crujir.

-Las terminaciones gélico (angélico), gen (virgen), genario (octogenario), géneo (heterogéneo), génico (fotogénico), genio (ingenio), génito (primogénito), gente (urgente), gero (ligero), gesimal (sexagesimal), gésimo (vigésimo), gético (energético), gia (magia), gía (biología, excepto bujía, lejía y hemiplejia), giénico (hivgiénico), ginal (original), gineo (virgíneo), ginoso (vertiginoso), gio (elogio), gión (religión), gional (regional), gionario (legionario), gioso (contagioso), gisimo (dirigismo, excepto salvajisimo y espejismo), ígeno (oxígeno), ígena (indígena), ígero (flamígero), ógeno (patógeno) y ogia (logia).

-Al final de la sílaba que no sea la última de una palabra (ignorante, magnífico).

Grafía **J**:
Reglas:
-Las sílabas ja (jabón), jo (joya), ju (juego).
-Las palabras que empiezan por aje (ajedrez) y eje (ejemplo), menos agencia, agenciar, agenda y agente.
-Las palabras que terminan en aje (ropaje), eje (fleje), jear (homenajear), je (coraje), jera (tijera), jería (brujería), jero (viajero), menos ambages, protege, ligero, esfinge, falange, laringe, faringe, entre otras.
-Todas las formas de los verbos irregulares que tienen los sonidos je (conduje) y ji (dijimos).
-Cuando terminan en j la silaba final en unas pocas palabras (boj, carcaj, erraj o herraj, reloj).

Grafía **H**:
Reglas:
-Todas las palabras que en su origen empezaban por f (hierro, de fierro; hijo, de fijo, hacer, de facer, etc.)
-Todas las formas de los verbos haber, habitar, hablar, hacer, hallar, helar, hervir, herir, hincar, hinchar, huir y hundir.

-Las palabras que empiezan por los prefijos hecto (heterogéneo), hia (hiato), hie (hielo), hidró (hidrógeno), hiper (hipermercado), hipo (hipódromo), homo (homogéneo), hue (hueco), hui (huida) y hum +vocal (humareda).

-Las interjecciones ¡hola! y ¡huy! y las preposiciones hacia y hasta.

-Todos los compuestos y derivados de las palabras que se escriben con h, excepto las que empiezan por hue (osamenta, de hueso; ovalado, de huevo).

Homófonos de las grafías: G, J y H

Grafía **G y J**:

Homófonos:

Gineta: Mamífero carnicero de color gris oscuro.

Jineta: Arte de montar a caballo.

> Gira: de Girar.

> Jira: Excursión, comida campestre.

Vegete: De vegetar.

Vejete: Viejo.

> Ingerir: Introducir por la boca la comida o medicamentos.

> Injerir: Meter una cosa en otra.

Grafía **H**:

Homófonos:

¡Bah!: Interjección que indica desdén.

Va: De ir.

Deshecho: De deshacer.

Desecho: Desperdicio.

Deshojar: Quitar hojas.

Desojar: Romper el ojo de algo, perder la vista.

Ha: De haber.

¡Ah!: Interjección de denota pena o sorpresa.

A: Preposición.

Hablando: De hablar.

Ablando: Ablandar.

Habría: Haber.

Abría: Abrir.

Haceros: De hacer.

Aceros: Plural de acero.

Hacia: Preposición.

Asia: Parte del mundo.

Haremos: De hacer.

Aremos: Arar.

Hartar: De hartar.

Arte: Técnica, oficio.

Has: Del verbo haber.

As: Naipe de baraja.

Haz: Del verbo hacer.

      Hasta: Preposición.

      Asta: Palo de la bandera.

Hato: Bulto pequeño de ropa.

Ato: De atar, amarra.

      Hay: De haber.

      ¡Ay¡: Interjección que detona dolor.

Hojear: Pasar las hojas de un libro.

Ojear: Echar una mirada rápida.

      ¡Hola¡: Saludo.

      Ola: Movimiento del mar.

Hora: Una de las veinticuatro horas del día.

Ora: De orar.

      Horno: cavidad cerrada y caliente.

      Orno: adornar.

Ejercicio 22

Observa atentamente el texto y agrega las grafías
g, j y h según corresponda

-Aún no he corre_ ido los e_ ercicios.

-Ese _inete es sar_ ento del e_ército.

-El conser_ e ya ha avisado al _ efe.

-Co_ e esas ti_ eras y corta el te_ ido.

-No hagas caso cuando _esús se que_ e.

-El a_ ente detuvo al ladrón.

-El aterriza_ e fue perfecto.

-Parece que el viento _ ime.

-No de_ es que te venza el pesimismo.

-El ca_ ero co_ ió el cheque.

-Esco_ e la marca de le_ ía que prefieras.

-El suelo de madera cru_ ía bajo sus pasos.

-Sus intereses son le_ ítimos.

Escribe sobre el guion una h o nada

_abanicar	_ucha	_orrible	_alto
_alcantarillado	_adivinanza	_acer	_a correr
_ondura	a_orrado	_echarás	_a menudo
_abía salido	an_alfabeto	_ectogramo	_azafrán
_a dicho	_anzuelos	_a subir	_abía dicho
_abitación	_aciendo	_uelga	_abastecer
_ierbabuena	_a nadar	_abitante	_abanico
_idroavión	_abuela		
	_oquedado		
	_ipermercado		

Ejercicio 23

Agrega los homófono g, j y h según corresponda

1)

-La rueda del coche _ira rápidamente.

-Una _ira es un trozo que se corta o rasga de una tela.

-In_erir es introducir alimentos en la boca.

-In_erirse es meterse en asuntos que no le conciernen.

-Ese helicóptero _ira hacia la izquierda.

-No in_ieras un plátano entero.

-Después de la pelea su camisa quedó hecha _iras.

-El circo está de _ira por Castilla.

-Hicimos una venda con una _ira de sábana.

-Antes de in_erir la comida has de masticarla bien.

-Debes _irar a la derecha para evitar el obstáculo.

-Rasgó la tela en varias _iras.

-Con el volante _iran las ruedas delanteras.

-In_erir es entrometerse en las cosas de los otros.

-Han de operarlo para que pueda in_erir alimentos.

-¿Has visto cómo _iran las ruedas de la bicicleta?

-Estiraron de la blusa y quedó hecha _iras.

-La Tierra _ira alrededor del Sol.

-No debes in_erir o tragar las olivas sin masticar.

-Ha de in_erirse en todo, aunque no le concierna.

-El taxista _iró a la izquierda, cambió de sentido.

-En la excursión el pantalón quedó hecho _iras.

-No es aconsejable in_erirse en asuntos ajenos.

-No rompas el pañuelo en _iras.

-In_erir es como tragar o engullir.

-La Luna _ira alrededor de la Tierra.

-Después de in_erir los alimentos hacemos la digestión.

-Juan no debe in_erirse en los problemas de su hermano.

2)

Hecho – echo

Ha _____ el ridículo. Le _____ la culpa a su nerviosismo. Le _____ de comer a mi gato por las noches. Antolín ya está _____ un hombre. _____ de menos aquellos tiempos.

Deshecho – desecho

Reciclar significa aprovechar los productos de _____ Ya he _____ las maletas. Quedó _____ por su fracaso en la prueba. No _____ la idea de volver a intentarlo.

Has - as

¿_____ terminado los estudios? Siempre guarda un _____ en la manga. Es un _____ del fútbol. Te _____ esforzado al máximo.

Honda - onda

El sonido es una _____ que se propaga en el aire. David venció a Goliat con una _____. Siento una pena muy _____. Se lo expliqué, pero no cogió la _____.

Hasta - asta

Estoy _____ las narices de aguantar esta situación. En señal de luto, las banderas ondean a media_____ El toro clavó su _____ en los maderos de la barrera.

Textos expositivos

Los textos expositivos presentan el resultado de un estudio, una reflexión, una investigación o un trabajo sobre un asunto o tema para darlo a conocer y explicarlo.

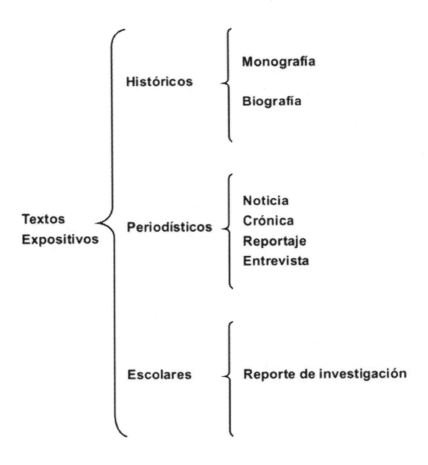

Características externas e internas de los textos expositivos

Características externas

-Formato variable:

Variable de acuerdo con el texto.

-Introducción:

Es la presentación general del tema, describe la metodología, problemática o temática que trata, así como los límites y alcances del tema mismo.

-Desarrollo:

Da cuerpo al escrito y es donde se obtiene mayor cantidad de información.

Su extensión varía según el tipo de texto y los propósitos del escrito.

-Conclusión:

Expresa el punto de vista del autor o autores con respecto al tema, es el cierre del texto.

-Bibliohemerografía:

Contiene los datos de las obras, periodísticas o bibliográficas, consultadas para la elaboración de la obra.

-Índice:

Es la relación detallada de los temas, subtemas, aspectos o partes que integran el contenido de la obra.

-Notas al pie de página:

Son aclaraciones, comentarios y ampliaciones breves de algunos aspectos del texto, que se colocan al final de la página precedidas de un número normal 1 o volado.

Características internas

-Lenguaje denotativo:

Expresan en forma clara los conceptos, con la finalidad de proporcionar al lector una información confiable y objetiva.

-Tecnicismos, prefijos, sufijos y neologismos:

Son vocablos usados en una ciencia u oficio específico. Generalmente se forman a partir de la combinación entre dos morfemas de origen griego o latino, estos elementos pueden ser prefijos, sufijos.

-Uso de prototipos:

Narrativo, descriptivo, argumentativo, expositivo y diálogo.

Ejercicio 24

Lee el siguiente texto expositivo e identifica las características externas e internas

1)

La recuperación del Hubble hito espacial de 2009

(Fragmento)

Los logros y la renovación del longevo telescopio espacial Hubble, el descubrimiento de agua en las regiones polares de la Luna y el primer vuelo de prueba del cohete 'Ares I X', que supuestamente devolverá al hombre al satélite terrestre en 2020, se encuentran en el 'podio' de los avances más significativos de la agencia espacial norteamericana NASA durante este 2009, tras la votación de los internautas en su página Web. El pasado mes de mayo, el transbordador espacial Atlantis partió de Florida en una arriesgada misión: Reparar el telescopio Hubble. Así, los astronautas durante un paseo espacial instalaron dos nuevas cámaras, la última reforma del observatorio espacial. Posteriormente, la NASA ha proporcionado al mundo 'joyas visuales del Universo', incluyendo sus zonas más profundas. En el mes de julio se cumplieron 40 años de la llegada al hombre a la Luna. Además, en septiembre el informe Augustine de la agencia apoyaba el uso de los servicios comerciales para poner en marcha los astronautas, y puso en duda el futuro de la NASA cohete Ares I. No obstante, el pasado 28 de octubre lanzó el prototipo de vuelo del nuevo cohete Ares I X, primer modelo de un nuevo programa de lanzadores que está llamado a devolver al hombre a la Luna a partir de 2020.

2)
Redacta un texto expositivo empleando las funciones del lenguaje correspondientes sobre la "diversidad cultural en tu país".

Clasificación de los textos expositivos

Textos históricos

Son aquellos que narran acontecimientos sobresalientes de una comunidad o de un individuo.

-Monografía: Presenta un tema específico investigado ampliamente y sigue un orden lógico en el que destacan aspectos básicos del tema tratado.

-Biografía: Se describen los datos de un personaje cuya vida es de interés social. Sigue un orden cronológico a partir de los principales acontecimientos de la vida del personaje.

Textos periodísticos

Publicaciones que aparecen regularmente, en periódicos o diarios, de sucesos del contexto social.

-Crónica: Es la narración de un suceso paso a paso, en forma cronológica. Suele aparecer firmada.

-Reportaje: Es el resultado de una serie y larga investigación sobre un hecho o problema de interés social. Indaga los antecedentes y describe cronológicamente cada uno de sus aspectos con el fin de entender mejor el suceso.

-Entrevista: Es un cuestionario planeado anticipadamente en el que el periodista hace preguntas al entrevistado para obtener cierta información sobre algún tema de interés social, cultural, político, etc.

-Reportaje de investigación: Es un escrito que describe el resultado de una investigación, con base en el seguimiento de una metodología o proceso. Aborda temas de interés general, mantiene una estructura y presenta la información obtenida.

Etapas o fases del proceso de un reporte de investigación

-Planeación:

1.- El tema: determinar el tema o asunto y establecer los límites de acuerdo con los conocimientos que se tiene del mismo.

2.- Los objetivos: Hipótesis y preposiciones de las que se va a partir, procedimientos que se van a utilizar y conclusiones a las que se quiere llegar.

3.- La bibliografía preliminar.

4.- El tiempo y el destinatario: Establecer el tiempo para elaborar el trabajo y a quien va dirigido.

5.- La estructura: Preparar el esquema o guion con los puntos destacados del tema y de las ideas que dependen de ellos, distribuidos en los apartados que se van a utilizar en el desarrollo.

-Instrumentos de investigación:

1.- Investigación: Es una actividad que realizamos para descubrir alguna cosa o para aumentar nuestros conocimientos saber algún asunto o materia. Son fuentes de datos: libros, Internet, videos, etc.

2.- Las fichas bibliográficas: Son descripciones formales de los libros y otros documentos escritos. Se establecen en fichas de trabajo: cita textual, de resumen, de síntesis, comentario y mixtas.

3.- Las fichas hemerográficas: Son descripciones formales de diarios, revistas y otras publicaciones periódicas o de artículos y notas aparecidas en ellos.

4.- El registro de páginas electrónicas: ficha de una biblioteca virtual, multimedia y de un libro electrónico.

-Esquema u organización:

1.- Introducción: Debe exponer brevemente el tema o problema investigado, destacando su interés y objetivos.

2.- Desarrollo: Es la parte más importante y extensa, ha de exponer el método seguido en la investigación, los hechos o el desarrollo de las ideas.

3.- Conclusión: Debe resumir el tema o asunto, los principales aspectos del trabajo y sus aplicaciones o consecuencias.

-Exposición escrita:

1.- Redactar el borrador del escrito de acuerdo con la estructura planteada.

2.- Corregir y retocar el escrito hasta darle una forma definitiva satisfactoria.

3.- Preparar y cuidar la presentación final del trabajo de forma que sea clara, ordenada.

-Exposición oral: Cuidar: volumen, dicción, postura, expresión corporal, entre otras.

Ejercicio 25

Realiza un reporte de investigación sobre la realidad social de algún país a elegir

Ejercicio 26

Lee el siguiente texto y contesta las preguntas
que se presentan a continuación

El agua

El agua es uno de los elementos más importantes de la Tierra. De hecho, cubre las tres cuartas partes de nuestro planeta. La cantidad total de agua en la Tierra es, más o menos, siempre la misma, pero no está siempre en el mismo sitio. La mayor parte del agua está en los mares y océanos, en los ríos y lagos, pero también hay agua por debajo del suelo: De allí la sacamos los hombres, cavando agujeros que llamamos pozos. Con el calor del sol, el agua se evapora y asciende por la atmósfera: Al llegar a cierta altura, con el frío, el vapor se vuelve a condensar en gotitas de agua, formando así las nubes. Esas nubes se desplazan, empujadas por el viento. Si llegan a algún lugar más frío (por ejemplo, si una montaña les obliga a subir aún más alto) o si las gotitas al juntarse, aumentan demasiado su volumen, se produce la lluvia: Las gotas caen al suelo. Si la capa de aire donde llega la nube es muy fría, las gotitas de agua se cristalizan en copos de nieve. A veces, entre la nube y el suelo se cuela una capa de aire helado: Las gotas de agua que caen de la nube. Al caer al suelo, el agua de la lluvia o de la nieve, cuando ésta se derrite, va resbalando o se filtra dentro del suelo. De esta forma, a través de los ríos el agua vuelve al mar y el ciclo vuelve a empezar. Las mayores precipitaciones se producen en torno al Ecuador y en las zonas templadas cercanas a los océanos, pero hay zonas donde apenas llueve: son zonas áridas. Hay lloviznas, chubascos, aguaceros, trombas de agua y tampoco llueve igual todos los años: A veces pasan varios meses sin llover, es la sequía.

Preguntas

1.- ¿Por qué el agua es uno de los elementos más importantes de la Tierra?

2.- ¿Dónde está la mayor parte del agua?

3.- ¿Cómo se desplazan las nubes?

4.- ¿Cómo se produce la lluvia?

5.- ¿Cómo vuelve el agua al mar?

6.- ¿Qué son las zonas áridas?

7.- ¿Qué es la sequía?

8.- ¿En la superficie de la Tierra hay más tierra o agua?

9.- ¿De qué están formadas las nubes?

10.- ¿Por qué se evapora el agua?

Uso del léxico y la semántica

Es aquella disciplina académica que busca dotar al hablante de los medios intelectuales suficientes para hacer un uso apropiado del idioma y un procesamiento provechoso de la información.

Las palabras léxico y semántica pueden aparecer muy complejas, sin embargo, son elementos que usamos todos los días para comunicarnos.

Con el léxico nos referimos al vocabulario o conjunto de palabras que se usan en una lengua; y con la semántica al significado de las mismas.

La riqueza de una lengua radica principalmente en el número de palabras o vocablos que tiene.

Nuestra lengua se caracteriza por tener una gran variedad de palabras para designar a los objetos que nos rodean.

Además, según el contexto donde se use cada una, puede variar su significado, lo cual ofrece una amplia gama de posibilidades de expresión.

Razonamiento verbal

Tipo de palabra	Significado	Ejemplo
Sinónimos	Palabras que tienen igual significado o equivalente.	Oculista - Oftalmólogo Bonito- Hermoso
Antónimos	Palabras que tienen significados opuestos.	Blanco- Negro Vida- Muerte
Homógrafos	Palabra que se escribe de forma idéntica pero tienen diferentes significados.	Llama: fuego Llama: animal Amo: dueño de algo Amo: presente del verbo amar
Homónimos	Palabra que coincide con otra en la escritura o en la pronunciación, pero tiene distinto significado.	Vela: barco Vela: cera

Relaciones semánticas

Tipo de palabra	Significado	Ejemplos
Parónimos	Son palabras muy parecidas en su pronunciación y escritura pero muy diferentes en su significado.	Efecto y Afecto Absorber y Absolver
Polisemia	Palabra que tiene varios significados.	Ojo de la aguja, del puente, de la cara

Ejercicio 27

Define el significado de los siguientes homógrafos

Viste:

Viste:

Invertir:

Invertir:

Lima:

, Lima:

Pila:

Pila:

Granada:

Granada:

Seno:

Seno:

Copa:

Copa:

Vino:

Vino:

Radio:

Radio:

Pesa:

Pesa:

Ejercicio 28

Define el significado de los siguientes parónimos

Acedar:

Asedar:

Asenso:

Ascenso:

Absceso:

Acceso:

Actitud:

Aptitud:

Absolver:

Absorber:

Aprehender:

Aprender:

Claro:

Caro:

Cocer:

Coser:

Ejercicio 29

Redacta un texto utilizando las siguientes palabras (polisemia)

1. Banco. 2. Cabeza. 3. Campo. 4. Coche. 5. Puerta.

6. Ventana. 7. Barra. 8. Letra. 9. Aguja. 10. Aire.

Definiciones específicas

El lenguaje evoluciona a la par que la propia comunidad de hablantes que lo utiliza para comunicarse; de ahí que, a lo largo de los tiempos, los lingüistas se hayan esforzado en afirmar que el acto del habla incide sobre el propio contexto donde se produce. En consecuencia, y definitivamente, el lenguaje no es una obra acabada o conclusa, sino que evoluciona, cambia y se transforma del mismo modo que lo hacen las sociedades humanas. La estructura de la comunicación es compleja y dinámica, y el acto del habla se realiza, en ocasiones, de un modo tan automático que los hablantes apenas reparan en ello; y, en definitiva, aunque antes de comunicar un mensaje es preceptivo que el emisor seleccione las palabras que considere más adecuadas para así transmitir con nitidez un contenido concreto en un determinado contexto.

Diptongo

El término diptongo proviene del latín diphthongus, que a su vez tiene su origen en un vocablo de la lengua griega. El término hace referencia a la reunión de un par de vocales distintas que se expresan en una misma sílaba. Por ejemplo: "canción", "muerto", "suerte".

Hiato

Podemos decir, en un primer acercamiento, que el hiato consiste en la destrucción de un diptongo por medio de un acento ortográfico o tilde. Por tanto, hiatos y diptongos guardan una estrecha relación. Y así, ya hemos definido el diptongo como la reunión de dos vocales, una cerrada y otra abierta, que forman una sola sílaba: como ya sabemos, en la lengua española, y desde el punto de vista ortográfico, hay diptongo cuando, no importa en qué orden, las dos vocales cerradas ("i ", "u") concurren en la misma sílaba o se juntan indistintamente con cualquier otra vocal. En el hiato también concurren dos vocales, una de ellas cerrada y la otra abierta, una abierta y otra cerrada o las dos abiertas, pero, sin embargo, no forman una única sílaba, es decir, pertenecen a sílabas distintas. Es por esto por lo que se dice del hiato que es la destrucción de un diptongo.

Hiatos formados por la concurrencia de una vocal cerrada y otra abierta:

"ia", "ie", "io", "ua", "ue", "uo".

Ejemplos de palabras que cuentan con un hiato formado por la concurrencia de una vocal cerrada y otra abierta: "día", "piano", "arpía"; "bienio", "diedro", "ríe"; "tío", "lío", "río"; "sitúa", "rúa", "púa"; "actúe", "acentúe", "desvirtúe"; dúo, "sitúo", "actúo".

Triptongo

En cuanto a los triptongos, hemos de decir que llamamos triptongo a la reunión de tres vocales que concurren en una misma sílaba. Y más concretamente, en un triptongo se reúnen dos vocales débiles y una fuerte. El núcleo silábico de los triptongos siempre lo forma la vocal más abierta que, como es obvio, posee también la mayor intensidad o energía articulatoria. Por ejemplo, en las siguientes palabras: "despreciáis", "buey", "averiguáis". Y cuando una palabra tiene por sílaba tónica un triptongo, la tilde debe escribirse sobre la vocal más abierta o más fuerte.

Reglas de la concordancia

La estructura fundamental de las reglas de la Concordancia fue establecida por el prestigioso gramático venezolano Andrés Bello (1781-1865), en su célebre obra "Gramática de la Lengua Castellana". En esencia, hay dos reglas principales que rigen la concordancia, son las denominadas reglas generales:

Primera regla general

Si el verbo se refiere a un solo sujeto, concierta con él en número y persona; y ando el adjetivo se refiere a un solo sustantivo, concierta con él en género y número.

Ejemplos: "El turista visitó el museo recién inaugurado". "Los turistas visitaron el museo recién inaugurado". "Pasó por mi calle un autocar lleno de viajeros". "Pasaron por mi calle unos autocares llenos de viajeros". "El estudiante entró en clase". "Los estudiantes entraron en clase".

Segunda regla general

En el caso de que el verbo se refiera a varios sujetos deberá ir en plural. Cuando concurren personas verbales diferentes, la segunda es preferida a la tercera, y la primera a todas.

Si el adjetivo se refiere a varios sustantivos, va en plural. Si los sustantivos son de diferente género, predomina el masculino. Ejemplos: "Tu madre y tú saldréis temprano". "Tu madre, tú y yo saldremos temprano". "Pusieron en el examen preguntas muy difíciles".

Ejemplos de discordancias entre sujeto y verbo

A veces, los hablantes faltan a la norma gramatical que explica cómo el sujeto y el verbo tienen que concordar en "número" y "persona". Y así se llega a decir "Yo me gustaría que fuéramos juntos al cine", en lugar de la expresión correcta "A mí me gustaría que fuéramos juntos al cine".

También se oye decir "Mis amigos parecen que no me comprenden", cuando lo correcto es "Mis amigos parece que no me comprenden".

Así mismo, hay veces que leemos carteles, mensajes o comunicados redactados de forma errónea; por ejemplo, cuando vemos escrito "En esta tienda se vende bolsos de piel" en lugar de la expresión correcta "En esta tienda se venden bolsos de piel".

Sustantivo

Un sustantivo es una clase de palabras que puede funcionar como sujeto de una oración y que designa o identifica a un ser animado o inanimado.

En las lenguas romances, como el español, los sustantivos varían según el género y el número. En otros idiomas, como el chino, los sustantivos nunca varían. Hay lenguas donde incluso no existen propiedades formales diferentes entre los sustantivos y los verbos, como el náhuatl.

Clasificación del sustantivo

Desde un punto de vista semántico

-Sustantivos concretos: hacen referencia a conceptos independientes, que podemos percibir con nuestros sentidos, o bien imaginar y asumir que existen en nuestro mismo plano (una silla, un ordenador, una persona).

-Sustantivos abstractos: al contrario del caso anterior, se trata de conceptos dependientes, que sirven para designar entidades imperceptibles por nuestras capacidades sensoriales, pero perceptibles a través del pensamiento (amistad, amor, maldad, fe).

Los sustantivos abstractos pueden ser clasificados

-Abstractos de cualidad: tienen relación con adjetivos y representan propiedades o cualidades de seres animados o inanimados (fealdad, altura).

-Abstractos de fenómeno: que sirven para designar estados, acciones o sus consecuencias (ejercicio, estudio).

-Abstractos de números: permiten cuantificar otros sustantivos, con diversos grados de precisión (ramo, grupo, cantidad).

De acuerdo a la cualidad de únicos

-Sustantivos comunes: considerados sustantivos de tipo genérico, se usan para referirse a cualquier integrante de una misma especie o clase sin adentrarse en sus características particulares (mujer, perro, coche).

-Sustantivos propios: sirven para distinguir a cada individuo de los demás, como ocurre con los nombres de las ciudades o de las personas, y deben ser escritos con su letra inicial en mayúscula (Tokio, Cecilia).

Tomando en cuenta el tipo de referencia

-Sustantivos individuales: cuando presentan su forma singular hacen referencia a un solo ejemplar de una clase o especie (hoja, arroyo, montaña). En idiomas cuya gramática contempla la forma plural, como ocurre con el castellano, estos sustantivos pueden designar a un grupo (indefinido a menos que se agregue información numérica).

-Sustantivos colectivos: se utilizan para nombrar a un grupo de objetos o seres, incluso en su forma singular (ciudad, arboleda, manada, equipo). En su forma plural, dan la idea de conjuntos de una misma clase independientes unos de otros.

A partir de su composición
-Sustantivos simples: se trata de palabras formadas por un solo término (vaso, control, carcasa).
-Sustantivos compuestos: se forman de la unión de dos palabras simples (parabrisas, cuentagotas, guardameta, cortafuegos).

De acuerdo a la complejidad de su morfología o a su origen
-Sustantivos primitivos: son aquellos que tienen el rol principal en una familia de palabras, que representan su raíz, y se forman a partir de un lexema básico (unidad mínima, sin morfemas gramaticales) y pueden o no adoptar morfemas para su género y número (flor, mar).

-Sustantivos derivados: se generan partiendo de los términos primitivos, gracias al uso de prefijos o sufijos (floristería, marino).

-Sustantivos aumentativos: se usan para referirse a seres animados o inanimados de considerables dimensiones o de gran intensidad (cochazo, notición, golpazo, espadota).

-Sustantivos diminutivos: el caso opuesto a los aumentativos (perrito, perita, casita, paquetín).

-Sustantivos despectivos: como su nombre lo indica, sirven para mencionar con desprecio a seres u objetos, intentando restarles valor o importancia (cuartucho, casucha, gentuza, poblacho).

-Sustantivos gentilicios: existen a partir del nombre de un país, una ciudad o cualquier territorio reconocido oficialmente, y se utilizan para hacer referencia al lugar de procedencia de una persona, un animal o una cosa (japonés, norteamericano, italiano).

Tomando en cuenta su contabilidad
-Sustantivos contables: son conceptos que pueden ser contados (piedra, taza, moneda).

-Sustantivos incontables: designan conceptos que no pueden ser divididos en porciones contables (agua, felicidad, oxígeno, gas, aceite).

Adjetivo

El término adjetivo deriva de un vocablo latino y se trata de un tipo de palabra que califica o determina al sustantivo. Los adjetivos expresan propiedades atribuidas a los sustantivos, especificándolas o resaltándolas. Por ejemplo: "No encuentro ningún adjetivo para calificar cómo te has comportado", "La prensa no ahorró adjetivos para resaltar la buena actuación del equipo catalán", "Me han dicho muchos adjetivos, pero nunca linda".

El adjetivo puede hacer referencia a una característica concreta del sustantivo. La expresión "El pantalón es azul" incluye un adjetivo ("azul") que expresa una propiedad visible (el color) del sustantivo ("pantalón"). En cambio, una frase como "Es un partido fácil" presenta un adjetivo ("fácil") que resulta abstracto, ya que la facilidad no puede captarse por los sentidos, sino que es una cuestión subjetiva que nace de un pensamiento.

Clasificación de los adjetivos

Según la gramática tradicional podríamos establecer tres tipos: adjetivos calificativos, demostrativos y otros (en este último grupo se incluyen de forma amplia todos aquellos que no se encuentran dentro de los otros dos grupos); no obstante, la más precisa es la clasificación desarrollada por la gramática oficial de la lengua española, que cuenta con una lista basta extendida y detallada de los diferentes tipos de adjetivos:

-Adjetivos restrictivos: dentro de este grupo se encuentran aquellas cualidades que acompañan a los sustantivos y restringen sus características de un modo exacto. Por ejemplo, si hablamos de "el coche blanco" estamos dejando fuera a todos aquellos vehículos que no sean de ese color.

-Adjetivos no restrictivos: estos adjetivos sirven para dar más datos sobre el sustantivo, pero sin limitarlo; generalmente suelen colocarse delante de él y lo modifican de forma variable. Por ejemplo, si decimos "es un excelente amigo", usamos el adjetivo como modificador sin restringir el grupo de individuos que pueden entrar en ese grupo.

-Adjetivos graduales: es un grupo bastante amplio del que forman parte los adverbios de grado y otro tipo de clasificadores. Por ejemplo, si decimos "esta revista es poco interesante" estamos valorando el grado de interés que nos despierta esa publicación.

- Adjetivos no graduales: también es un amplio grupo formado mayoritariamente por los adjetivos comparativos, tales como: tan, menos o igual. No se determina el grado de cuantificación del adjetivo, sino que se establece una comparación. Por ejemplo, cuando decimos "Pedro es más listo que Juan" estamos haciendo uso de la comparación sin explicar cuán listo es cada uno de los individuos.

-Adjetivos de grado extremo: tienen una función similar a los graduales; es decir, expresan cuantificación, pero son absolutos. En este grupo se encuentran aquellos adjetivos formados por los sufijos -érrimo o -ísimo y por los prefijos re-, super-, mega- o hiper-.

-Adjetivos intersectivos: aquellos que pueden dar lugar a una expresión en la que dos tipos de características se encuentran, de ahí su nombre. Por ejemplo, si decimos "maestro enano" estamos expresando que una persona es maestra y, a la vez, que mide poco.

-Adjetivos no intersectivos: al revés que los anteriores, estos adjetivos no vinculan dos palabras, sino que más bien se tratan de características independientes. Por ejemplo, si decimos "Es un músico destacado". No estamos informando acerca de la profesión de la persona, sino que, hablamos de alguien que se destacada como música.

De todas formas, debemos aclarar que los grupos más sobresalientes de adjetivos son los calificativos y los demostrativos.

-Adjetivos calificativos: son aquellos que señalan una cualidad del sustantivo: "La casa es grande", "Esta mesa es muy vieja", "La pintura de la habitación es naranja", "Ella es hermosa", "El vaso es frágil".

-Adjetivos demostrativos: acompañan al sustantivo y sirven para expresar la proximidad que existe entre emisor y receptor, en función del sustantivo del que se habla: "Estoy mirando este adorno ", "¿De qué talla es aquel vestido? "

Pronombres

Lo primero que hay que hacer es determinar el origen etimológico del término pronombre que ahora nos ocupa. En ese sentido, tendríamos que dejar patente que emana del latín y más exactamente del vocablo "pronomen", que puede traducirse como "en lugar de nombre". Aquel se encuentra conformado por dos partes: el prefijo "pro-", que es equivalente a "delante o en lugar de", y el sustantivo "nomen", que es sinónimo de "nombre".

Pronombre es una clase de palabra sin referente fijo, ya que se determina de acuerdo a la relación que entabla con otras que ya se han nombrado. Los pronombres hacen las veces del sustantivo, refiriéndose a personas o cosas extralingüísticas.

Asimismo, hay que subrayar que los pronombres por regla general, salvo algunas excepciones, cuentan con género y número.

Puede decirse que un sustantivo tiene un referente fijo: la palabra "libro", por ejemplo, siempre hará referencia a un "libro". En cambio, los pronombres como "mi", "contigo" o "yo" dependen de distintas variables.

"Mi hermano es jugador de fútbol" es una expresión que comienza con el pronombre "mi", el cual determina el sentido de la oración. La frase puede ser pronunciada por el hermano de Lionel Messi, ya que éste es futbolista, pero no por el hermano de George

Bush, ya que "su" hermano no se dedica a este deporte.

Una expresión como "Me siento a gusto contigo" también adquiere su significado según el pronombre ("contigo"), ya que no tiene un referente fijo. "Contigo" puede hacer referencia a Jorge, Manuel, Carla, Michael, Sharon, Silvia o cualquier otra persona.

Existen diversas clases de pronombres. Los pronombres personales son morfemas sin contenido léxico que hacen referencia a un antecedente: "Yo soy el responsable de esta empresa", "Tú no eres bienvenido en la casa", "Siempre hay que hacer lo que él quiere", "Cuenta conmigo para lo que necesites".

Además, tendríamos que establecer que existen los llamados pronombres adjetivos que son aquellos que tienen como misión el determinar al sustantivo en cuestión. De ellos hay que subrayar también que van pospuestos a aquel y nos sirven para determinar sobre qué o sobre quién están haciendo mención.

No obstante, hay otros tipos de pronombres que también merece la pena conocer. Este sería el caso de los siguientes:

-Pronombres de cortesía, que son los que se usan para dirigirse a alguien con el que no se tiene confianza, que es mayor y que tiene una "posición" superior. Un ejemplo de ello es "usted".

-Pronombres relativos, que se emplean para referirse a un nombre que se ha mencionado anteriormente. Entre los más significativos se encuentran estos: que, quien, donde.

-Pronombres interrogativos. Como su propio nombre indica, son aquellos que sirven para poder llevar a cabo la creación de una oración interrogativa y tienen la particularidad de que no acompañan a ningún nombre.

Otros tipos de pronombres son los pronombres posesivos ("¿Esta chaqueta es tuya?", "Señor, devuelva lo que no es suyo"), los pronombres demostrativos ("Aquel coche tiene dos motores", "Ese negocio es nuevo") y los pronombres indefinidos ("Alguien está gritando desde hace horas"), entre otros.

Adverbio

Antes de descubrir qué significa el término adverbio, es vital que procedamos a determinar su origen etimológico. Al hacerlo descubrimos que se trata de una palabra que emana del latín, en concreto, del vocablo "adverbium", que se encuentra conformado por dos partes: el prefijo "ad-", que puede traducirse como "junto o hacia", y el sustantivo "verbum", que es equivalente a "palabra".

La clase de palabra invariable que actúa como núcleo del sintagma adverbial o como complemento circunstancial del verbo se conoce como adverbio. Estas palabras modifican a los adjetivos, los verbos o a otros adverbios.

Si tuviéramos que clasificar a los adverbios, podríamos hacerlo a través de cuatro características fundamentales:

-Adverbios en base al significado o a las relaciones que establecen dentro de cualquier oración: argumentales, circunstanciales, atributos.

-Adverbios en base a su estructura de tipo morfológico. En esta categoría existen dos grandes grupos: los simples y los derivados.

-Adverbios en base a su significado. En este apartado podríamos incluir tanto a los de tiempo como a los de cantidad o a los de lugar, entre otros.

-Adverbios en base a su naturaleza gramatical, que serían de dos tipos: gramaticales o léxicos.

Existen diversos tipos de adverbios que agregan información circunstancial a una palabra o a una oración completa. "Adelante", "allí", "cerca", "difícilmente" y "rápidamente" son algunos adverbios de distinta clase.

Por ejemplo: "El regalo de Juan está escondido detrás del mueble", "Aquí hace mucho calor", "Tengo ganas de ir a comprar facturas, pero la panadería está muy lejos", "No te preocupes, es un problema que se resuelve fácilmente", "El anciano caminó lentamente hacia el sillón y se dejó caer".

Los adverbios de lugar añaden información sobre el espacio: "Allá está el paquete que te dejaron", "No me duele ahí, me molesta más abajo", "El hombre se arrojó encima del ladrón para impedir su huida".

Los adverbios de tiempo, en cambio, aportan información temporal: "Ayer comimos carne al horno con papas", "Ahora estoy ocupado, después voy", "Me parece que llegamos temprano".

Los adverbios de grado o cantidad, por su parte, refieren a una cuantificación: "Costó bastante menos de lo que suponíamos", "No tengo mucho dinero", "Facundo es poco conversador", "El tanque está completamente sucio".

Otros tipos de adverbios son los adverbios de modo ("Jugó estupendamente y consiguió la clasificación a los cuartos de final", "Camina despacio, por favor"), los adverbios de afirmación ("Efectivamente, mi nombre es Ricardo", "Lo que dices es cierto"), los adverbios de negación ("Jamás haré algo semejante", "Tampoco estoy de acuerdo") y los adverbios de duda ("¿Acaso has bebido?", "Probablemente sea el mejor jugador de la historia").

De la misma manera, tampoco hay que olvidarse del conocido como adverbio comparativo. Como su propio nombre indica, es aquel que se emplea para mostrar comparación entre dos personas, objetos o situaciones. Una frase que puede ejercer como ejemplo de aquel es el siguiente: "Manuel bailaba peor que su primo Juan".

Asimismo, también hay que reconocer la existencia de lo que se da en llamar adverbio demostrativo. En su caso, a este podríamos definirlo como el que, a nivel general, se usa para determinar o identificar un tiempo, un lugar o un modo. Entre los ejemplos más significativos de aquel se encuentran "así", "allí", "aquí".

Verbo

Un verbo es la clase de palabra que puede modificarse para concordar con la persona, el número, el tiempo, el modo y el aspecto que posea el sujeto del cual habla.

Con origen en el término latino verbum, el verbo es el elemento de una oración que da la pauta de existencia y describe una acción o estado que influye al sujeto. Se trata del núcleo de una estructura que puede marcar la división del sujeto y el predicado.

Básicamente podemos decir que el verbo es el que indica qué acción realiza el sujeto gramatical de una oración y que puede expresar estados de ánimo, sentimientos, acciones, actitudes o estados. El verbo puede indicarse a través de un término que determine acción en el caso de la voz activa o como un complemento en el caso de la pasiva.

Los verbos pueden clasificarse de muchas formas, tales como: desde un punto de vista morfológico pueden ser regulares o irregulares, desde la duración temporal de las acciones, perfectivos o imperfectivos, de acuerdo al aporte de significado que ofrezcan pueden ser copulativos, semicopulativos, predicativos, transitivos, recíprocos, reflexivos, intransitivos o pronominales; si sirven para apoyar el significado de otros verbos se llaman auxiliares.

Por nombrar algunas definiciones: los verbos transitivos son aquellos que exigen la existencia de un objeto directo para alcanzar un significado completo;

los intransitivos, en cambio, no necesitan que haya un objeto directo en la oración que condicione al verbo; los verbos irregulares poseen conjugaciones particulares para los tiempos verbales primitivos como el presente del modo indicativo, el pretérito perfecto simple del indicativo y el futuro simple del mismo modo; los verbos regulares son, por el contrario, los que respetan los sistemas de conjugación más utilizados en el idioma al que pertenezcan. Otros tipos de verbos son el personal, el impersonal, el terciopersonal, el defectivo y el copulativo. La utilización de un verbo dentro de una oración recibe el nombre de conjugación, en algunos idiomas los verbos se utilizan en infinitivo siempre y se interpreta el tiempo verbal con la ayuda de ciertas partículas, en español todos los verbos deben ser conjugados para conocerse el real significado que poseen. Es fundamental, por tanto, que el verbo se adapte al resto de las palabras para no desentonar ni en género ni en persona o número frente a los argumentos o complementos. Si analizamos el idioma español, por ejemplo, advertiremos que con el sujeto siempre concuerda en número y en la mayoría de los casos en la variable de persona (a excepción del denominado sujeto inclusivo). Aquellas lenguas donde los verbos se conjugan se denominan flexivas. Cada una determina un tipo de patrón de conjugación, que difiere de un sistema lingüístico a otro. En español, la mayor parte de los verbos se conjuga de modo regular de acuerdo a tres patrones establecidos en base a la vocal temática. En nuestro idioma para realizar una correcta conjugación de los verbos es importante tener en cuenta que en la forma singular existen tres personas (yo-tú-él/ella) y en la plural otras tres (nosotros-ustedes/vosotros-ellos), algunas de esas formas comparten las partículas de conjugación (no en todos los casos) otras no. Es importante aclarar que el momento en el que ocurre la acción es uno de los determinantes de dicha conjugación.

Preposición

Etimológicamente hablando, tenemos que determinar que preposición es una palabra que deriva del latín.

En concreto, hay que decir que es fruto de la suma de dos componentes perfectamente delimitados y diferenciados:

-El prefijo "pre-", que puede traducirse como "antes".

-El término "positio", que deriva del verbo "ponere" que es sinónimo de "colocar".

Preposición es un tipo de palabra que no varía y que permite introducir ciertos elementos a una oración, haciendo que éstos dependan de otras palabras ya mencionadas.

Las preposiciones, por lo general, se encuentran al comienzo del constituyente sintáctico al cual modifican.

Al vincular palabras, las preposiciones funcionan como partes invariables de las oraciones que se encargan de denotar el vínculo de los términos entre sí.

La Real Academia Española (RAE) reconoce 23 preposiciones en el idioma español que se emplean en la actualidad. Entre ellas aparecen "a", "con", "de", "en", "hasta", "para", "por", "si" y "sobre".

Es importante tener en cuenta que las distintas preposiciones pueden venir a indicar una gran variedad de elementos. Así, por ejemplo, pueden servir para indicar un lugar, un origen, un motivo, un medio o incluso un destino, entre otras muchas cosas.

Para poder entender esto, basta utilizar la preposición "a". Así al emplearse en la frase "voy a la biblioteca", viene a indicar una dirección, mientras que si se usa en oraciones como "estamos a 6 de julio de 2015" deja patente un día. Un ejemplo de oración con preposición es el siguiente: "Le regalaré una pelota a Martín". En este caso, la preposición incluida es "a", que permite relacionar el regalo en cuestión (una pelota) con el destinatario del obsequio (Martín).

Otra oración con preposiciones es "Raúl bailará con Estela en la noche de graduación". Entre las preposiciones que aparecen, se encuentran "con" (que vincula a Raúl y Estela) y "en" (señala cuándo se producirá el baile de ambos).

Además de todo lo expuesto, no podemos pasar por alto la existencia de lo que se da en llamar preposición inseparable. Con esta denominación se hace referencia a aquel prefijo que antiguamente era utilizado como una simple preposición y que, en la actualidad, nunca puede usarse en solitario. Ejemplo de ello es "sub".

De la misma manera, también están las llamadas frases preposicionales. Estas vienen a ser grupos de palabras que vienen a funcionar y a significar como si de una única preposición se tratase y que, por tanto, a la hora de analizar sintácticamente una oración hay que estudiarlas como unidad. Ejemplos de frases preposicionales son "debajo de" o "a través de".

En algunos casos, las preposiciones vinculan verbos auxiliares con otros que aparecen en forma impersonal, creando lo que se conoce como perífrasis verbales: "Hay que gritar más fuerte", "Voy a correr cuando escuche la señal".

Las preposiciones pueden provocar una contracción con los artículos, creando un artículo contracto. Esto ocurre cuando "a" o "de" preceden al artículo "el", dando lugar al nacimiento de "al" y "del": "Cocinaré los huevos al vapor", "Llama a la puerta del vecino".

Conjunción

Conjunción, del latín coniunctĭo, es una junta o unión. En concreto, esta palabra latina se encuentra conformada por tres partes claramente delimitadas: el prefijo "con-", que es sinónimo de "completamente"; el vocablo "iugum", que es equivalente a "yugo", y por último el sufijo "-ción", que puede traducirse como "acción y efecto".

El término se utiliza en la astronomía y en la lingüística, entre otros ámbitos. Por ejemplo: "Los astrónomos informaron que mañana se producirá la conjunción entre Mercurio y Venus", "Tengo que explicar lo que es una conjunción coordinante", "La maestra dijo que el próximo cuatrimestre estudiaremos las conjunciones".

Una conjunción astronómica es la situación relativa de dos o más astros cuando, desde un punto de observación, se encuentran alineados. El concepto también se utiliza para nombrar al aspecto de dos astros que ocupan la misma casa celeste.

Es posible hablar de conjunción inferior o conjunción superior. La conjunción inferior tiene lugar cuando los planetas interiores a la órbita terrestre pasan entre la Tierra y el Sol, lo que hace que dichos planetas se encuentren cerca de la Tierra y exhiban su cara no iluminada.

La conjunción superior, en cambio, se produce cuando el Sol se encuentra entre los planetas interiores y la Tierra. En este caso, los planetas alcanzan su máxima distancia respecto a la Tierra.

Una conjunción gramatical, por su parte, es una palabra invariable que encabeza una oración subordinada o que une secuencias o vocablos sintácticamente equivalentes. Una conjunción enlaza palabras, sintagmas o proposiciones.

En concreto, tendríamos que determinar que existen dos grandes grupos de conjunciones. Por un lado, están las coordinantes y por otro, las subordinantes.

Entre los más importantes tipos de conjunciones dentro del ámbito gramatical se encuentran las siguientes:

-Adversativa, que es aquella que viene a dejar patente una confrontación o diferencia entre las dos oraciones. Ejemplos son "sin embargo", "pero", "no obstante", "excepto".

-Comparativa. Es la que, como su propio nombre indica, sirve para comparar ambas frases. En su caso, tendríamos que subrayar a "como".

-Condicional, que es la conjunción que deja clara una condición que debe darse para que tenga lugar una consecuencia. Un ejemplo de este tipo es "si".

-Copulativa, que podemos decir que viene a "sumar" las dos oraciones. En este caso, los tipos de conjunciones son cuatro: "y", "e", "ni" y "que".

-Disyuntiva, que es la que viene a plasmar la contraposición de dos frases o bien la alternancia o la exclusión de una de ellas. Son dos: "o" y "u". "Al", "por", "para", "así que", "pese a que" y "sino" son ejemplos de conjunciones: "Al caer el sol, los vampiros salen de sus cuevas", "No vas a entrenar con nosotros por llegar tarde", "Estamos aquí para ayudar", "La decisión está tomada así que no insistas", "Pese a que te equivocaste, vas a tener otra oportunidad", "No fue Ricardo quien golpeó a Juan, sino Pedro".

A todo ello tendríamos que añadir que en las matemáticas también se emplea el término que nos ocupa. En su caso, existe lo que se conoce como "conjunción lógica", que viene a dejar patente que un operador resulta verdadero si los dos operadores también lo son.

Interjecciones

La RAE define interjección como la clase de palabras que expresa alguna impresión súbita o un sentimiento profundo, como asombro, sorpresa, dolor, molestia, amor, etc. Sirve también para apelar al interlocutor, o como fórmula de saludo, despedida o conformidad.

Interjecciones propias

¡Ah! (asombro)

¡Ajá! (aprobación)

¡Arre! (orden de avance al caballo)

¡Arrea! (darse prisa)

¡Aúpa! (aupar)

¡Ay! (dolor)

¡Bah! (desprecio)

¡Buah! (desprecio)

¡Buu! (desprecio)

¡Cachis! (contrariedad)

¡Caray! (sorpresa)

¡Cáspita! (contrariedad)

¡Chachi! (alegría)

¡Chao! (despedida)

¡Chitón! (orden de silencio)

¡Chupi! (alegría)

¡Ea! (aprobación)

¡Eh! (apelación)

¡Equilicuá! (solución)

¡Eureka! (solución)

¡Ey! (llamada)

¡Guau! (asombro)

¡Guay! (alegría)

¡Hala! (asombro)

¡Hale! (asombro)

¡Hola! (saludo)

¡Hurra! (alegría)

¡Huy! (lamento)

¡Jaque! (orden de ataque)

¡Jo! (lamento)

¡Jobar! (lamento)

¡Jolín! (lamento)

¡Leñe! (queja)

¡Nanay! (negación)

¡Oh! (sorpresa)

¡Okay! (aprobación)

¡Olé! (aprobación)

¡Ojalá! (deseo)

¡Ojú! (admiración)

¡Oops! (disculpa)

¡Puaj! (asco)

¡Puf! (contrariedad)

¡So! (orden de parada al caballo)

¡Rediez! (lamento)

¡Tururú! (burla)

¡Yupi! (alegría)

Interjecciones impropias (sustantivos, verbos y adverbios que se usan como interjecciones)

¡Anda! (sorpresa)

¡Caracoles! (sorpresa)

¡Caramba! (sorpresa)

¡Cojonudo! (aprobación)

¡Cielos! (lamento)

¡Diablos! (lamento)

¡Genial! (alegría)

¡Narices! (negación)

¡Ostras! (sorpresa)

¡Rayos! (contrariedad)

¡Recórcholis! (sorpresa)

¡Tongo! (engaño)

¡Toma! (reproche o ánimo)

¡Vamos! (ánimo)

¡Viva! (alegría)

Interjecciones de expresión

¡Agua va!

¡Ahí va!

¡Al loro!

¡Ay de mí!

¡Cielo santo!

¡Dios santo!

¡Madre mía!

¡Válgame Dios!

Oración

Una oración es, para la gramática, una palabra o un conjunto de palabras que cuenta con autonomía sintáctica (es, por lo tanto, una unidad de sentido que puede expresar un sentido gramatical completo).

Oración compuesta

Existen diversos tipos de clasificación de las oraciones según sus características. De acuerdo a la presencia de núcleos verbales, puede distinguirse entre oraciones simples, complejas o compuestas.

Las oraciones simples cuentan con un único núcleo verbal; en otras palabras, tienen un solo predicado. Por eso resultan las oraciones más usadas en la infancia y por las personas que se encuentran en medio del proceso de aprendizaje de una lengua. Por ejemplo: "Martín compró un libro", "Julieta pateó la pelota", "Juan José rompió el cuaderno". Las oraciones complejas, por su parte, son oraciones simples con un núcleo verbal principal y, al menos, otro subordinado. Llegamos así a las oraciones compuestas que suponen la unión de varias oraciones a través de nexos coordinadores o por una pausa de yuxtaposición (que es una unión sin nexo de elementos contiguos equifuncionales). Las oraciones compuestas por coordinación presentan sintagmas unidos en condición de igualdad: "Los chicos y las chicas juegan al fútbol",

"Los ancianos cantan y bailan". Cabe destacar que estos sintagmas pueden estar enlazados por medios de nexos o sin ellos. Como decimos, estas oraciones que crean una oración compuesta tienen la principal seña de identidad de que pueden funcionar por sí solas de manera absolutamente autónoma. Además de ello tenemos que señalar que las oraciones compuestas coordinadas pueden ser de varios tipos en función del nexo de unión que se establezca entre los sintagmas que las integran:

-Oraciones Coordinadas Adversativas. Son las que hacen uso de nexos tales como, pero, sin embargo, o, aunque, entre otros. Y además son las que expresan oposición. Un ejemplo sería la frase: "Me parece buena idea, sin embargo, no es el momento de llevarla a cabo".

-Oraciones Coordinadas Consecutivas. Una relación de causa y consecuencia es la que se establece entre las oraciones simples que las componen y se unen mediante los nexos siguientes: luego, así que, de manera que... En este caso un ejemplo puede ser: "Ana rechazó la propuesta así que elegiremos a otra persona para que realice la actividad".

-Oraciones Coordinadas Copulativas. Se identifican porque manifiestan adición y porque hacen empleo de tres nexos: e, y, ni. Como ejemplo de este tipo de oraciones compuestas tendríamos el siguiente: "El niño corrió y saltó de la alegría".

-Oraciones Coordinadas Disyuntivas. Las mismas se pueden definir por ser aquellas que establecen la necesidad de una elección y para ello utilizan nexos como los siguientes: o, u. Como ejemplo para poder entender el funcionamiento de las citadas podríamos establecer el siguiente: "En estos momentos no hay más opción, ¿vienes o te quedas?".

En cambio, las oraciones compuestas por subordinación presentan a dos o más sintagmas en un distinto nivel sintáctico: "La suave brisa del océano".

Por último, las oraciones compuestas yuxtapuestas aparecen enlazadas sin nexos: "Muchos ríen, algunos lloran, los demás sólo observan".

Ejercicio 30

Identifica Sustantivos, adjetivos y verbos

1. Resalta las palabras que son sustantivos

pájaro	pelota	rojo	Alberto
	cama	perro	grande
mucho	salta	Elena	camisa
	falda	pantalón	gomas

2. Subraya los sustantivos que hay en estas oraciones.

-Juan sube las escaleras de su casa.

-El escritorio de la profesora es muy grande.

-Este lápiz pinta muy bien.

-Los árboles del parque están sin hojas.

-Analía mira por la ventana.

3. Marca con verde los sustantivos femeninos y con azul los sustantivos masculinos.

gato	computadora	almacén
	reloj	lapicera
ratita	esmeralda	momento
	mesada	anotador

4. Escribe el femenino de estos nombres.

Chico:

Domador:

Profeta:

Emperador:

Francés:

Actor:

5. Subraya en las siguientes oraciones los sustantivos comunes que encuentres.

-Esta mesa es muy grande.

-Los perros de Luis ladran mucho.

-La computadora está rota.

-La caja de galletas está en el armario.

6. Ahora subraya los sustantivos propios.

-Fátima juega en la computadora.

-Mi profesor se llama Martín.

-En Buenos Aires los edificios son muy altos.

-Pedro juega con la pelota.

7. Escribe los sustantivos individuales que corresponden a estos colectivos.

enjambre – constelación – dentadura – alameda –

jauría – caserío – rebaño.

8. Algunos sustantivos abstractos derivan de adjetivos o de verbos y se forman mediante los sufijos.

-ción, -ura, -dad, -eza y -anza.

Transforma estos verbos y adjetivos en sustantivos:

Confiar. Flaquear. Atento. Dulce. Malo. Bello.

9. Une con flechas los sustantivos individuales de la izquierda con los colectivos de la derecha.

Caballo	Piara
Pez	Cardumen
Barco	Tropilla
Cerdo	Flota

10. Observa el ejemplo y clasifica semánticamente los siguientes sustantivos.

Vestido: sustantivo común, concreto, individual.

Ciudadanía:

Política:

Voto:

Poder:

Constitución:

11. Observa los siguientes adjetivos y di de qué palabra vienen y cuál es el sufijo que se les agregó:

amistoso – carnavalesco – movedizo – imaginario – imposible – desagradable.

12. En las siguientes oraciones, agrega los adjetivos.

-Las.................flores perfuman el ....
jardín.

-El oso............asusta a todo el bosque ....

-Los ....amigos de la ....niña le realizaron una ....fiesta sorpresa.

-La ....computadora del ....chico estuvo diez días en reparación.

13. Forma adjetivos a partir de los siguientes verbos, agregando el sufijo que convenga (en algunos casos, pueden usar más de un sufijo).

-Agradar:

-Mover:

-Conocer:

-Confiar:

-Divertir:

-Aburrir:

-Temer:

-Desear:

-Exagerar:

14. Modifica los siguientes sustantivos. Para eso, agrega a cada uno algún adjetivo de las actividades anteriores.

-Gesto:

-Carácter:

-Mirada:

-Peinado:

-Gustos:

-Ropa:

-Brazos:

-Actividad:

-Actitudes:

15. Escribe el plural de los siguientes adjetivos y utiliza esos nuevos adjetivos para modificar uno o más sustantivos.

-Feliz:

-Leal:

-Joven:

-Antiguo:

16. Escribe el masculino o el femenino de los siguientes adjetivos, según corresponda. Luego, une un sustantivo de la columna derecha con cada adjetivo que obtuviste.

Peleador: peleadora	Gato
Entretenido	Lobo
Sereno	Chica
Astuta	Película
Malhumorada	Noche

17. Indica de qué nombre (sustantivo) proceden los siguientes adjetivos.

-Anual:

-Carnívoro:

-Hormonal:

-Afortunado:

18. Escribe el adjetivo correspondiente a estos verbos. Utiliza estos sufijos: "-ado", "-able".

-Navegar:

-Moderar:

-Encontrar:

-Memorar:

19. Identifica el verbo en las siguientes oraciones y señala su tiempo y modo verbal.

-En la casa de Antonio iremos a jugar esta noche.

-Mi padre cantó hoy en el teatro.

-José está apesadumbrado a causa de sus preocupaciones.

-Todos caminábamos por la avenida más famosa de la ciudad.

-Ojalá que mi hermano pueda aprobar el examen.

-Fue preciso que Juan entregase todo lo que poseía en ese momento.

-Debo entrenar mejor si quiero clasificar.

-La hermana de Antonia representará a la escuela en las semifinales.

-A Juan le gustó la trama de aquella novela de aventuras.

-Mi padre nos dijo que regresaría el viernes por la tarde.

-Fue bueno que Marcelo partiese ayer, ya que así podrá llegar a tiempo.

-Queremos comprar una nueva computadora.

-Su vecina acostumbraba a caminar por el parque todas las tardes.

-¡Haz lo que te pido!

-Estamos ansiosos de que mi hermano vuelva de su viaje.

-Realmente fue necesario que Antonio caminara todo aquel trayecto para llegar a su casa.

-Mi madre cocinaría una cena exquisita esta noche si llegamos a tiempo.

-Temía por la seguridad de su familia.

-Mañana comienzan las clases en la escuela.

-¡Calla! ¡Estamos en plena conferencia!

Ejercicio 31

Lectura y redacción
Observa el siguiente cartel y responde

1. ¿Cuál es la intención comunicativa?

A) Declarar que hay mujeres pisoteadas y en grave estado físico.

B) Dar a conocer los derechos de estas mujeres.

C) Invitar a participar en una procesión de una fundación contra la violencia.

D) Anunciar zapatos para mujer.

2. ¿Quién emite el mensaje?

A) Las mujeres maltratadas

B) No lo dice

C) Una fundación

D) Los adherentes

3. *¿Cuál es el contexto en el que se da el mensaje?*

A) La inseguridad

B) Los feminicidios

C) El narcotráfico

D) La trata de blancas

Responder según el criterio observado

1. Según la intención del cartel, ¿cuál es el prototipo textual utilizado?

A) Argumentación

B) Exposición

C) Narración

D) Descripción

2. ¿Qué representa la imagen de la mano abierta con respecto al mensaje que se quiere emitir?

Ejercicio 32

Lee con atención el siguiente texto

"El Informe Devs" – Miguel D'Addario

(Fragmento)

Cuando recorro los planetas, en mis viajes investigativos, siempre recopilo objetos, escritos, cosas útiles; en pos de encontrar indicios de vida, sobre todo en aquellos planetas donde fueron exterminadas, extinguidas, o desaparecidas sus especies, quedando sólo rastros de ellas.

Al llegar a la galaxia Orsurs, entramos a varios planetas de la misma, pero en uno de ellos aún había vida, en el planeta Hernus. Allí encontramos una civilización diezmada, similar a la humana, quizá un poco menos evolucionada. Posteriormente, supusimos que el Hombre había estado allí, incluso, conjeturamos, que una nueva especie se había gestado, -medio humano, medio hernus-: El Homnus. En la búsqueda de objetos, encontré un manuscrito de más de 2000 hojas, donde se relataba la historia de la Tierra -planeta desconocido para nosotros-, la forma de vida, estructura, forma de existencia, especies.

El manuscrito había sido firmado bajo un posible seudónimo: "Mad", no sabíamos si sería una sigla. Posteriormente, supimos del ocaso del planeta Tierra, de sus tragedias finales y sus catastróficas consecuencias.

Terminamos allí, y nos dirigimos al lugar señalado en un mapa galáctico, adjunto al escrito, que indicaba la posición de la Tierra.

Cuando llegamos al lugar sólo había algunos planetas circulando, pero el indicado como la Tierra no estaba.

Luego decidimos partir y me puse a transcribir este informe para conocimiento de otras generaciones galácticas venideras.

Lits Devs

Investigador Galáctico

Preguntas

1. ¿Cuál es la idea central del texto?

A) El ocaso de la humanidad.

C) El origen del lenguaje del hombre.

B) El beneficio del lenguaje y la escritura

D) La evolución del lenguaje en la sociedad.

2. ¿Cuál de las siguientes expresiones sintetiza la idea de Miguel D'Addario?

A) La ciencia ha colaborado en la destrucción de la Tierra.

B) El investigador galáctico Lits Devs duda de la existencia de un Planeta llamado Tierra.

C) El origen de la escritura tiene relación con los genes de los seres humanos y su desarrollo.

D) La escritura es la única posibilidad de transmitir información.

3. ¿Qué funciones del lenguaje predominan en el texto?

A) Apelativa-expresiva.

B) Expresiva-metalingüística.

C) Expresiva-referencial.

D) Poética-fática.

4. ¿Qué prototipos textuales prevalecen en el texto?

A) Diálogo-narrativo.

B) Argumentativo-descriptivo.

C) Narrativo-descriptivo.

D) Expositivo-argumentativo.

5. ¿Qué significado le da el autor a la palabra?

A) Formación.

B) Historia.

C) Pensamientos.

D) Imágenes.

6. Escribe con tus propias palabras, en cinco líneas, que lenguaje se ha utilizado en el texto.

Ejercicio 33

Lee el fragmento de la siguiente carta y responde lo que se te solicita

Fragmentos de una carta que el viajero uruguayo Ramón Artagaveitya envío, desde el Titanic, a su hermano Adolfo a la ciudad de Montevideo, Uruguay. (Adaptación).

Alta mar, 11 de abril de 1912

Adolfo:

*Con el deseo de ver Norteamérica, me embarqué **seducido** por el tamaño del Titanic, este transatlántico, de 45 mil toneladas, que hace su primer viaje. Qué maravilla, cuanto diga de él es poco. Al mirar para arriba me hacía el efecto de estar al pie de una casa de cinco pisos. Al entrar había como cincuenta mozos, uno tomo mis <u>valijas</u> y por el ascensor (que tiene tres), subimos a mi piso, en la cubierta B. El comedor está en la cubierta D y más abajo hay otros. El cuarto es muy bueno, con estufa eléctrica y toda la noche la tuve encendida porque hacía frío. Hoy hay sol Aprovecho entonces para escribir: El comedor es como para quinientas y tantas personas, ayer éramos sólo trescientos cuarenta, teniendo un ancho de treinta metros. Pero el vapor es más ancho, pues todavía hay* *corredores a los lados. La comida es muy buena, y abundantes platos. Anoche en la mesa éramos un mejicano, diputado y doctor amigo de Díaz, joven aún, un español y una señora y señorita inglesas muy serias. Recorrí lo que puede del vapor, sus diferentes salas, y hoy para hallar ésta, para escribir y que ha de haber más de dos para el mismo uso, trabajo me costó. Los comedores pintados de blanco, y algunos salones como éste de madera esculpida, creo que, de roble, con sofás y sillas de raso aterciopelado verde jade. Todo es majestuoso y rico. Veré si junto "libritos" de propaganda del barco para llevarte, pero ya veo tierra cercana, Irlanda, así que termino esta carta deseando a todos mis recuerdos y abrazos.*

Tu hermano Ramón

Preguntas

1. ¿Qué función de la lengua predomina?

A) Emotiva.

B) Referencial.

C) Apelativa.

D) Fática.

2. *¿A qué variedad textual corresponde el texto anterior?*

A) Expositivo.

B) Persuasivo.

C) Funcional.

D) Personal.

3. *La palabra resaltada en negritas, ¿a qué hace referencia?*

A) A que el autor tenía miedo por el tamaño del barco.

B) A que el autor estaba deslumbrado por el tamaño del barco.

C) A que el autor se encontraba desilusionado por el tamaño del barco.

D) A que el autor encontró el amor en el barco.

4. *La palabra subrayada puede sustituirse por:*

A) Llaves   B) Cosas   C) Petacas   D) Manos

5. *¿Cuál es el asunto central del texto?*

A) Describir la experiencia de un viaje en barco.

B) Platicar a su hermano su experiencia de viaje.

C) Dar las comodidades de un barco.

D) Avisar de su llegada a Irlanda.

Ejercicio 34

Lee el siguiente texto y responde lo que se te solicita

Fragmentos de Ana Frank -20 de junio de 1942

1.- Mi padre tenía ya treinta y seis años cuando se cazó con mi madre, que tenía

2.- veinticinco. Mi hermana Margot nació en 1926, en Frankfort del Meno. Y yo el

3.- 12 de junio de 1929. Siendo judíos cien por ciento, emigramos a Holanda en

4.- 1933, donde mi padre fue nombrado director de la Travis N.V., firma asociada

5.- con Kolen & Cía., de Ámsterdam. El mismo edificio albergaba a las sociedades,

6.- de las que mi padre era accionista. Desde luego, la vida no estaba exenta de

7.- emociones para nosotros, pues el resto de nuestra familia se hallaba todavía

8.- defendiéndose de las medidas hitleristas contra los judíos. A raíz de las

9.- persecuciones de 1938, mis dos tíos maternos uyeron y llegaron sanos y

10.- salvos a los Estados Unidos. Mi abuela, entonces de setenta y tres años se

11.- reunió con nosotros. Después de 1940 nuestra buena época iba a terminar

12.- rápidamente: ante todo la guerra, la capitulación, y la invasión de los

13.- alemanes llevándonos a la miseria. Disposición tras disposición contra los

14.- judíos Los judíos eran obligados a llevar la estrella, a ceder sus bicicletas

15.- Prohibición de los judíos de subir a un <u>tranvia</u>, de conducir un coche.

16.- Obligación para los judíos de hacer sus compras exclusivamente en los

17.- establecimientos marcados con el letrero de "negocio judío", y de quince a

18.- diecisiete horas solamente. Prohibición para los judíos de salir después de las

19.- ocho de la noche ni siquiera a sus jardines, o aún de permanecer en casa de

20.- sus amigos. Prohibición para los judíos de ejercitarse en todo deporte público:

21.- prohibido el acceso a la piscina, a la cancha de tenis y de hockey o a otros

22.- lugares de entrenamiento. Prohibición para los judíos de frecuentar a los

23.- cristianos. Obligación para los judíos de ir a escuelas judías, y muchas otras

24.- restricciones semejantes

Preguntas

1. En el reglón 1 la palabra subrayada evidencia un error ortográfico, ¿cuál de las siguientes representa la correcta?

A) Caso   B) Cazo   C) Casó   D) Cazó

2. En el reglón 3 las palabras: judíos y emigramos, son clasificadas como:

A) Agudas   B) Graves   C) Sobreesdrújulas   D) Esdrújulas

3. ¿Cuál de las siguientes opciones corrige el error de la palabra subrayada en el renglón 9?

A) Ucheron   B) huyeron   C) uieron   D) Huyeron

4. ¿Cuál es la acentuación correcta de la palabra subrayada en el renglón 15?

A) Tranvía   B) Tránvia   C) Tranviá   D) Tranvia

5. En el reglón 14, ¿qué signo de puntuación se omitió?

A) Punto y coma   B) Punto final   C) Coma   D) Punto y seguido

6. En el reglón 19, después de la palabra noche, ¿qué signo de puntuación se omitió?

A) Punto y coma

B) Punto final

C) Coma

D) Punto y seguido

7. ¿Qué funciones del lenguaje predominan en el texto?

A) Emotiva y apelativa

B) Emotiva y referencial

C) Referencial y poética

D) Referencial y fática

8. ¿A qué tipo de texto histórico pertenece la lectura anterior?

A) Memoria

B) Diario

C) Autobiografía

D) Biografía

9) *Identifica en el texto anterior los errores de léxico y semántica, escríbelos en la siguiente tabla y explica en qué consiste el error.*

	Error	Corrección	Explicación
Acentuación			
Signos de puntuación			
Uso correcto de Grafías			
Uso correcto de mayúsculas			

Ejercicio 35

Clasifica las palabras del siguiente listado
de acuerdo a su acentuación

Llevándonos, cien, prohibición, miseria, disposición, defendiéndose, entonces, subir, mi, establecimientos, guerra, llegaron, ejercitarse, disposición, rápidamente, alemanes.

Agudas	Graves	Esdrújulas	Sobreesdrújulas

Ejercicio 36

Lee el siguiente texto y responde lo que se solicita

Barack Obama

Barack Hussein Obama Jr. nació el 4 de agosto, 1961, en el Centro Médico Kapiolani, en la ciudad de Honolulu, en el Estado de Hawai. Su padre era Barack Obama, Sr., proveniente del pueblo Nyang'oma Kogelo, en el Distrito de Siaya, Kenia y PhD. en Economía por la Universidad de Harvard. Su madre era Ann Dunham, procedente de Wichita, Kansas y PhD. en Antropología por la Universidad de Hawái en Manoa. Sus progenitores se conocieron cuando asistían a la Universidad de Hawai en Manoa, donde su padre estaba matriculado como estudiante extranjero. Cuando Obama tenía dos años de edad, sus padres se separaron y más tarde se divorciaron. Después del divorcio, su madre, Ann Dunham, contrajo matrimonio con Lolo Soetoro por lo que su familia se mudó en 1967 a Indonesia, país de origen de Soetoro.
Formación y trayectoria
Obama asistió a escuelas locales en Jakarta, hasta que cumplió los diez años. A partir de este momento,

Obama regresó a vivir en Honolulu con sus abuelos maternos, y fue inscrito en el quinto grado de la escuela Punahau School en 1971, hasta su graduación de la secundaria en 1979. Una vez que culminó sus estudios secundarios, Obama se mudó a Los Ángeles, e inició sus estudios en el instituto Occidental College durante Un período de dos años. Posteriormente, se transfirió a la Universidad de Columbia en la ciudad de Nueva York, en la carrera de Ciencia Política, con una especialización en Relaciones Internacionales. A mediados de 1988, viajó por primera vez a Europa por tres semanas, después fue a Kenia por cinco semanas y conoció a sus parientes cercanos por parte de su padre. A finales de 1988, ingresó en la escuela de derecho Harvard Law School y durante su primer año como estudiante fue seleccionado como editor de la revista Harvard Law Review, debido a sus calificaciones y por un concurso de escritura. La publicidad que obtuvo a causa de haber sido el primer presidente de raza negra de la revista jurídica de Harvard, ayudó a que consiguiera un contrato universitario y que avanzase en la escritura de un libro acerca de las relaciones raciales. Originalmente había planificado concluir la escritura de su obra en un año,

pero le tomó más tiempo ya que ésta evolucionó a una recopilación de sus memorias personales. Sin embargo, para poder trabajar sin interrupciones, Obama y su esposa Michelle viajaron a Bali, donde él se dedicó por varios meses únicamente a la escritura de su libro. A mediados de 1995, el manuscrito fue finalmente publicado bajo el título Sueños de mi padre (en inglés Dreams from My Father). El 4 de noviembre de 2008, Barack Obama obtuvo el 64.9% de los votos electorales y se convirtió en el presidente número 44 de los Estados Unidos de América. Después de su victoria en las elecciones presidenciales pronunció un discurso en Chicago frente a cientos de miles de sus partidarios, y proclamó que "el cambio ha llegado a los Estados Unidos". Además, hizo eco al discurso de Martin Luther King "He estado en la cima de la montaña", y declaró: "El camino por delante será largo. Nuestro ascenso será empinado. Puede que no lleguemos ahí en un año o quizás en un mandato, pero Estados Unidos nunca ha tenido tanta esperanza como en esta noche en que llegaremos."

Visión política

· Obama visitó a las tropas de su país en Irak, julio de 2008. Desde el principio fue un opositor de las políticas de la administración del presidente Bush referentes a Irak. Después de que Bush y el Congreso acordasen una resolución conjunta autorizando la guerra de Irak el 2 de octubre de 2002, el senador estatal de Illinois, Obama, organizó la primera protesta de alto perfil en oposición al conflicto con el país árabe, y manifestó su contrariedad ante la inminente situación bélica en la plaza del edificio federal Kluczynski en Chicago. El 16 de marzo de 2003, Bush emitió un ultimátum de 48 horas a Saddam Hussein, para que abandonase Irak antes de la invasión estadounidense a este país, y nuevamente Obama dirigió una concentración en contra del conflicto bélico y manifestó al público: "Aún no es tarde para detener la guerra."

Familia y vida personal

Obama conoció a su esposa, Michelle Robinson, en junio de 1989, cuando fue contratado como asociado de verano en la firma legal Sidley Austin Robinson, fue asignada por tres meses como su consejera en el bufete de abogados, y compartió algunas reuniones sociales con Obama, pero inicialmente ella rechazó sus propuestas de iniciar una relación amorosa. Sin embargo, a finales del verano ambos empezaron un noviazgo, se comprometieron en 1991, y contrajeron matrimonio el 3 de octubre de 1992. La primera hija de la pareja nació en 1998, y la bautizaron con el nombre de Malia Ann, seguidamente, en el año 2001, nació su segunda hija, Natasha. En una entrevista en el 2006 destacó la diversidad de su familia extensa, y dijo "Michelle les podría decir que cuando nos reunimos para navidad o acción de gracias, es como las Naciones Unidas en pequeño..." Obama tiene siete medio hermanos de origen keniano por parte de su padre, de los cuales seis están con vida. Además, tiene una hermanastra por el lado de su madre y su segundo esposo proveniente de Indonesia. Su abuela Madelyn Dunham, originaria de Kansas, le sobrevivió hasta su muerte el 2 de noviembre de 2008, justo antes de las elecciones presidenciales. De ella dijo: "Es como un roble, fuerte en las raíces y llena de ramas que a su vez han florecido a más ramaje; no es alta, pero pareciera enorme gracias a esas ramas. La veo y su fortaleza física y moral me deslumbran."

Preguntas

1. ¿Cuál es el asunto central del texto?

A) Informar sobre los logros de un personaje célebre.

B) Proporcionar datos personales de un personaje célebre.

C) Platicar sobre la vida familiar de un personaje célebre.

D) Relatar la vida de un personaje célebre.

2. ¿A qué variedad textual corresponde el texto anterior?

A) Expositivo

B) Persuasivo

C) Funcional

D) Personal

3. A partir de lo descrito en el texto, escribe en el siguiente espacio tres características que identifiquen en Barack Obama.

4. ¿Qué función de la lengua predomina?

A) Emotiva   B) Referencial   C) Apelativa   D) Fática

5. Al citar el discurso de Martin Luther King en Chicago, después de ganar las elecciones, ¿a qué circunstancia social está haciendo referencia?

A) A subir a las montañas y recorrer caminos largos.

B) Al problema de falta de esperanza de la gente.

C) Al cambio que él representa y que Luther King propició.

D) A que la gente de Chicago ya no vaya a la guerra.

6. Según el texto, ¿qué significa la palabra que aparece subrayada en el texto?

A) Plazo para cumplir determinadas exigencias.

B) Última carta que se emite a alguien destacado.

C) Acción que debe terminar rápidamente.

D) Lapso de tiempo de dos días o menos.

7. La expresión antónima de la frase "La veo y su fortaleza física y moral me deslumbran." Es:

A) La observo y su entereza física y moral me impresiona.

B) La miro y su integridad física y moral me maravilla.

C) La desconozco y su debilidad física y moral me decepciona.

D) La recuerdo y su fragilidad física y moral me desilusiona.

8. ¿Qué tipo de texto es el que acabas de leer?

A) Reportaje

B) Entrevista

C) Biografía

D) Monografía

9. ¿Qué acontecimiento en la vida de Barack Obama ocasionó que se fuera a vivir parte de su infancia en un país asiático?

10. ¿Cuál fue la reacción de Barack Obama ante el ultimátum a Saddam Husseim?

Ejercicio 37

Lee el siguiente texto y responde lo que se te solicita

Aumenta consumo de alcohol entre jóvenes
por estados depresivos

Una encuesta realizada a universitarios reveló que la inestabilidad familiar y el alcohol son algunos de los factores.

La inestabilidad familiar, el estrés y la depresión son algunos de los factores que influyen en el consumo explosivo de alcohol entre los jóvenes, según lo revela el Proyecto ODISEA realizado por la Universidad Panamericana y Fundación Domec para determinar los patrones de conducta del bebedor, la prevalencia de la ingesta de bebidas etílicas y las repercusiones del consumo irresponsable. En la primera etapa identificada como Encuesta Inicial de Prevalencia de Patrones de Consumo de Alcohol, se utilizó una muestra de mil 485 jóvenes pertenecientes a esta comunidad universitaria, provenientes de diferentes estratos sociales. De acuerdo con el I Test de Identificación de Trastornos Debidos al Consumo de Alcohol (AUDIT por sus siglas en inglés), realizado por la Organización Mundial de la Salud (OMS), fue posible realizar un moni con respecto a su ingestión de alcohol, con lo cual se pudieron clasificar en tres grupos. En un parámetro de 0 a 40, los universitarios fueron colocados en diferentes grupos de acuerdo a su consumo alcohólico y a su conducta. El grupo de riesgo bajo que incluyó a los sujetos con una puntuación menor a 8 y que no tenían problema con su manera de beber fue de 73%. El de riesgo moderado que considera a quienes obtienen una puntuación de 8 a 20 y que presentan

problemas no tan severos con la conducta del beber representó 24.7%. Y finalmente, el grupo de riesgo alto que agrupó a los sujetos con una puntuación mayor a 20 y que presentan problemas de dependencia al alcohol y alteraciones en su conducta fue de 2.3% de los encuestados. Se dijo que el consumo explosivo o excesivo representa un grave problema que impacta en la familia y en la sociedad. Y que además de los episodios depresivos, hay otros factores que influyen en el incremento del consumo de bebidas alcohólicas como problemas para relacionarse, una familia fracturada, las ideas arraigadas sobre el consumo del alcohol y la insatisfacción en algún aspecto de su vida. Por último, se dijo que la fundación Domec tienen como fin ayudar a los jóvenes con problemas con su manera de beber y evitar daños en su persona y a terceros.

Preguntas

1. ¿Qué tipo de texto es el que acabas de leer?

 A) Reportaje   B) Entrevista   C) Noticia   D) Crónica

2. ¿Cuál de las siguientes opciones menciona las ideas más importantes del texto anterior?

A)   El consumo explosivo o excesivo representa un gran problema. La fundación Domec está preocupada por ayudar a los jóvenes con problemas.

B) El parámetro para medir el problema de consumo de alcohol es de 0 a 40.

Los jóvenes que consumen alcohol acaban siendo depresivos.

C) Se realizó una encuesta para localizar las causas de consumo de alcohol entre jóvenes.

En estudiantes universitarios se destaca que el consumo aumenta por problemas familiares.

D) Los jóvenes que consumen alcohol en exceso no tienen familia.

Las familias fracturadas regularmente tienen hijos en grupo alto riesgo.

3. ¿Qué función de la lengua predomina?

A) Emotiva   B) Referencial   C) Apelativa   D) Fática

4. ¿A qué variedad textual corresponde el texto anterior?

A) Expositivo   B) Persuasivo   C) Funcional   D)Personal

5. ¿Qué repercusiones puede tener en los jóvenes el consumo irresponsable de bebidas alcohólicas?

6. ¿Por qué representa un grave problema para la familia y la sociedad el consumo excesivo   de alcohol?

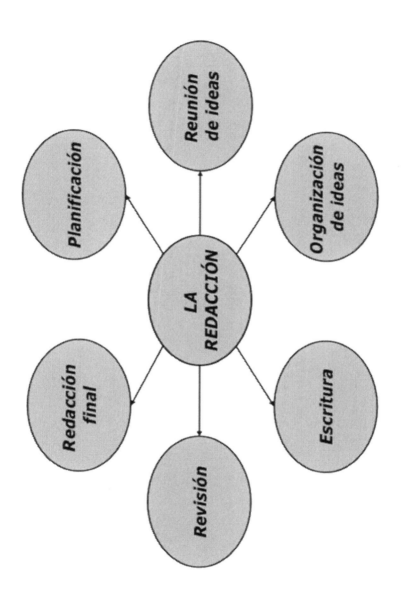

Taller de
REDACCIÓN LITERARIA
Edición, corrección, gramática y ejercicios

Miguel D'Addario
Autor · PhD

Primera edición

Comunidad Europea

Derechos reservados

Safe Creative

2018

Made in the USA
Columbia, SC
22 March 2025

55524997R00130